『蹴』論《しゅうろん》

シュートは考え方で決定力が高まる

渡邉知晃
Tomoaki Watanabe
（元フットサル日本代表）

ベースボール・マガジン社

サッカーやフットサルに〝技術点〟はない
〝ゴール〟を取るという目標の下で
生まれるプレーでなければいけない

どんなGKでも
シュートコースはある

あとは、そこに蹴ることが
できるか、できないかの
技術力にかかってくる

シュートを外すことは失敗ではない
シュートを打った時点で成功なのだ
打った勇気を前向きに捉えるべきである

13

「ダイレクトで打てるときは
絶対にダイレクトで打つ」
僕はその哲学で２０１のゴールを決めてきた

はじめに

シュートに絶対的な「秘訣」はないが、ゴールの可能性は高められる

今、この本を手に取って読んでいるのは、どんな方でしょうか？

サッカーやフットサルをやっていて、ゴールを決める役割を任されている方でしょうか。あるいはポジションに関係なく、もっとゴールを取りたい、あるいは、最近シュートが決まらなくて悩んでいる、そんな方でしょうか。

僕は、２０２０‐21シーズンをもってフットサル選手を引退するまで、Fリーグで通算３２３試合に出場し、２０１ゴールを挙げることができました。日本人最多ゴール記録で得点王（33試合45ゴール）になったこともあります。これだけの数のゴールを決めることができたのは、僕がプレーしてきたピヴォというポジションでどうすれ

ば生き残れるのか、そしてどうやったらゴールを奪えるのかを常に考え、実践してきた結果だと思っています。

ゴールを決めるためには、シュートを打たなくてはいけません。シュートを打つとは、ゴールに向かってボールを蹴ることです。本書では、そんな僕なりのシュートに対する考え方、すなわち『蹴《しゅう》』論《ろん》をお伝えしていきます。

でも最初に、一つだけ言わせてください。

「これをやれば、シュートが絶対に決まる！」

そういう「秘訣」みたいなものは、残念ながらありません。フットサルにしろ、サッカーにしろ、どんな名プレーヤーでもシュートを外すことは絶対にあります。また、例えば世界のトッププレーヤーの一人であるリオネル・メッシ（FCバルセロナ）が、クロスバーを目がけて10回ボールを蹴ったら、1、2本は外れるのではないでしょうか。

それくらい、狙ったところにボールを蹴るのは、人間にとって繊細で難しいことであり、ロボットでもない限り、100％は絶対にありえません。ましてや試合におけるシュートは、相手がいるうえに、自分もボールも動いているなかで動作を行うのですから、その可能性が低下していくのは当然のことです。

ただし、そういう大前提があるにしても、シュートをゴールに決める可能性を少しでも高めていく方法はあります。僕はそれを実践してきました。

今回、このような形で僕の考えをお伝えするにあたっては、僕の経験を踏まえながら、大きく3つの章に分けて、お話しさせていただくことにしました。

第1章は、シュートを決めるための「マインド」です。

ここでは、シュートに対する根本的な考え方や、「ストライカー」と言われる、ゴールを決めることが必要なポジションを任される選手が持つべき心理的な部分について説明させていただきます。

第2章は、シュートを決めるための「テクニック」です。ここでは、フットサルやサッカーの技術的な部分をお伝えさせていただきます。僕が小さい頃から実戦してきたトレーニングなどにも触れます。

そして第3章は「ダイレクトシュートの哲学」です。

僕自身が多くのシュートを決めるうえで最も大切にしてきたのが、ダイレクトシュートです。実際、キャリアにおいてはほとんどのゴールをダイレクトシュートで決めてきました。第1章と第2章に共通する部分でもあるのですが、僕だからこそお伝えしたいこととして、ここにフォーカスすることにしました。


本書でお話しする内容は、主にフットサル選手としてプレーするなかで磨いてきたことですが、「シュート」というものを広く考えたとき、サッカーはもちろん、他の競技にも通じる部分があるのではないかと思っています。

「シュートがなかなか決まらなくて悩んでいる」方が、本書を読んでその解決の糸口を見つけてくれたら、非常にうれしく思います。

シュートの考え方を変えていけば、ゴールが決まる可能性は必ず高まります。

この本が、フットサルやサッカーをもっと楽しみたいと思っている方の助けとなれば、そして、日本が長年抱えている「決定力不足」を解決する一つの糸口となれば、幸いです。

目次

第2章 シュートを決めるための〝テクニック〟——67

デザイン／黄川田洋志、井上菜奈美、中田茉佑、有本亜寿実（ライトハウス）
藤本麻衣
編集／木村雄大（ライトハウス）
写真／松岡健三郎、桜井ひとし
撮影協力／府中スポーツガーデン
高瀬剛、西滉太、南雲颯太

第1章

シュートを決めるための“マインド”

SECTION

1

ストライカーになった理由

ストライカーの使命

２０２０－21シーズンでフットサル選手を引退するまで、僕はピヴォと呼ばれる、サッカーで言うところのＦＷにあたるポジションでずっとプレーし続けてきました。

フットサルに詳しくない方もいるかと思うので簡単に説明すると、ピヴォというポジションの選手は、ゴールを守るゴレイロ（本書ではＧＫとします）を除く４人のフィールドプレーヤーの中で、最もゴールに近い位置でプレーします（Ｐ15の図）。

ポルトガル語で「軸、中心」という意味を持ち、その名の通り、攻撃の中心として、「シュートを決めること」が求められるポジションです。「ストライカー」、「点取り屋」、「ゴールハンター」など、さまざまな呼ばれ方をしますが、**このポジションを任される選手は、「どうやったら点を取れるか」を常に考え続けなければいけません。**

とはいえ、フットサルにおけるピヴォは、ゴールの他、攻撃の起点になることも求められます。

チームのためにゴールをアシストすることも多いポジションであるのは間違いありませんが、攻撃の中心となる役割であるがゆえ、やはりシンプルに「ゴール数」という数字が評価されるポジションです。

極端な話、試合中にどれだけミスがあり、目立った活躍ができない時間がどれだけ長くても、ゴールを決めてチームを勝利に導けば、その選手はチームに必要な存在として認められるのです。

逆に言えば、どれだけ華麗なプレーで観客を魅了したとしても、ゴールを決めることができなければ、試合に出場できなくなる可能性があるポジションです。

それが、「ストライカー」の使命であり、価値であるとも言えます。

■フットサルのポジション

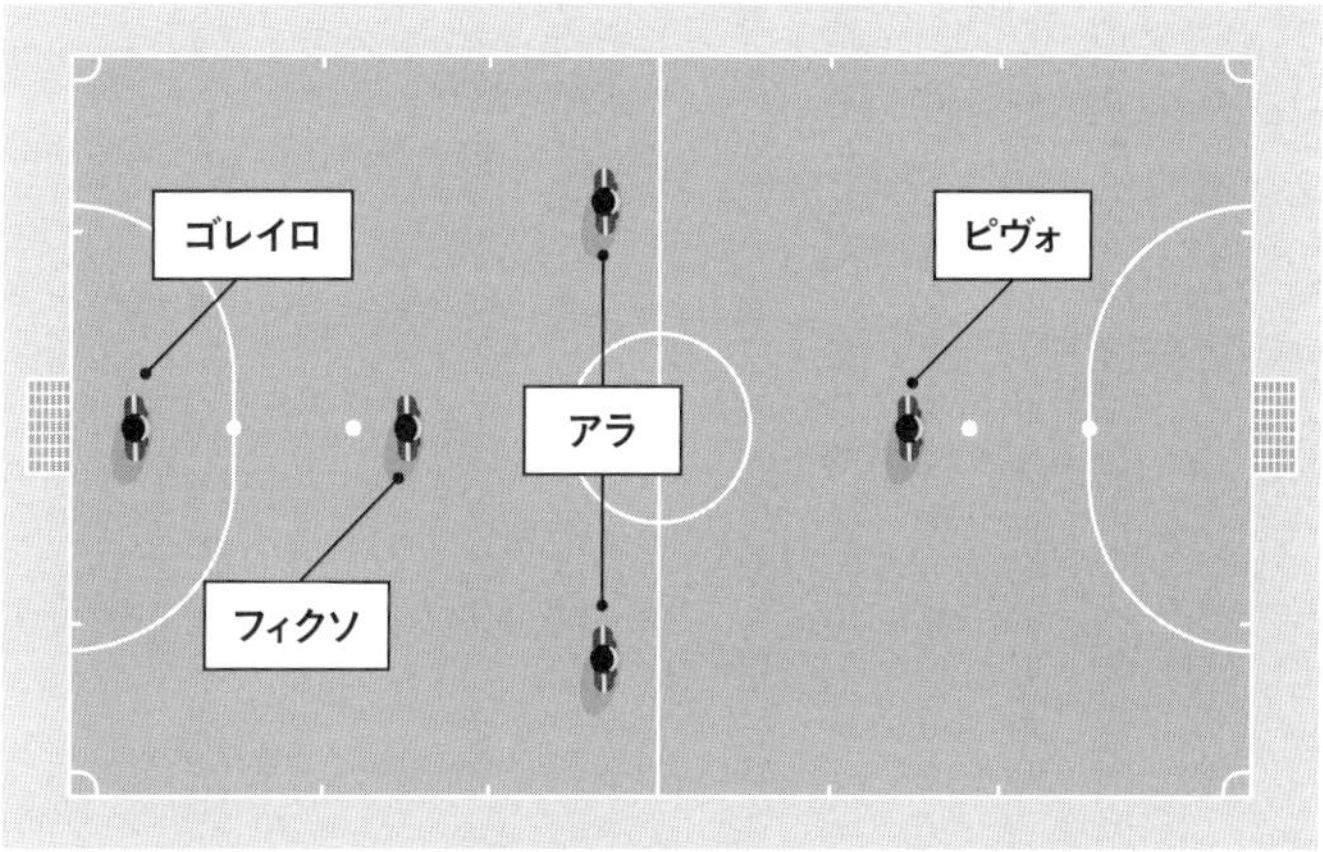

ゴレイロ	ゴールを守るポジション。 シュートを止めるのはもちろん、攻撃への 切り替わりの際には配球役となることも求められる
フィクソ	攻守にわたってゲームをコントロールするポジション。 司令塔として味方にコーチングすること、 パスを供給することなどが求められる
アラ	攻守両面でオールラウンドに活躍するポジション。 スタミナやスピード、さらには遠目からシュートを 打てる力が求められる
ピヴォ	攻撃の最前列でプレーするポジション。 シュート能力に加え、ボールをキープして 攻撃の起点になることが求められる

ゴールに背を向けてボールを受けるのが嫌だった

フットサル選手としての僕のことを知っている方は、「ストライカー」というイメージがあるかと思いますが、実は僕が攻撃の最前線のポジションを任されるようになったのは、フットサルに転向してからなのです。

大学2年生のときにフットサルを始めるまではサッカーをやっており、中盤やサイドを主戦場にしていました。

これを言うと驚かれますが、サッカーでは、FWだけはほとんどやったことがありませんでした。フットサルにおいてもサッカーにおいても、チームの最前線にいるピヴォやFWというのは、ゴールに背を向けてパスを受けることが多いポジションです。

僕は、それがとにかく嫌だったんです。

サッカーをやっていた頃は、常にゴールの方向を向いてプレーしたかったですし、ゴールを決めることよりも、アシストをすることのほうが好きでした。味方へのパスやセンタリングがきれいに通ったときのほうがうれしかったのです。

それほど、中盤でのプレーにやりがいを感じていました。

ピヴォでプレーするようになったのは大学生のときで、BOTSWANA（現フウガドールすみだ）に所属していた頃でした。フットサルを始めたばかりで、ポジションのことも、そもそもフットサルのルールすらもわかっていなかったときです。

いろいろなポジションで試される中で、当時の須賀雄大監督に「やってみろ」と言われてプレーしたのがきっかけです。身長が高く、相手を背負ってプレーするのに適していると思われたのが理由かもしれません。

それまで、前を向いてプレーするのが好きだった僕にとって、ゴールに背を向けるピヴォでのプレーは、本当に抵抗がありました。

相手を背負うプレーは、とにかく、やりにくかったのです。

でも、**監督から任されてこのポジションを務める以上は、このポジションで自分がどう生きていくかを考え、ここで結果を出さなくてはいけません。**

そこから、ピヴォとしての、「ストライカー」としての人生がスタートしました。

SECTION

2

ゴールの枠に入れることの重要性

枠に飛ばないシュートは入らない

シュートを打つときに最も大切なことは何でしょうか。

必要な要素はいろいろあると思いますが、僕が最も重視しているのが、「シュートをゴールの枠に確実に入れること」です。

当然のことですが、シュートが枠に入らなければ、ゴールは決まりません。

ときには、ゴールの枠を外れる可能性があると感じても、正確性よりも威力を重視してシュートを打つことが選択肢に入ってくる状況があります。

そういう場面では、果たしてどういう判断をすべきでしょうか。

僕の考えとしては、**強いシュートを打って枠を外すくらいだったら、シュートスピードがある程度遅くなったとしても、枠に飛ばしたほうがいいと思います（もちろん、強いシュートを枠に飛ばすことが理想です）。**

どんな局面であっても、シュートを打つ瞬間に力の加減をすることができます。シュートの威力を重視するのか、コントロールを重視するのかで変わってきます。

僕の場合は、「思いっ切り打ったら、枠を外しそうだな、ふかしそうだな」と思ったら、蹴る力を弱めて枠に飛ばすことを重視します。

なぜなら、枠に飛ばないシュートがゴールに決まる率はゼロに近いからです。「ゼロ」と言い切れないのは、例外があるからです。

実際に僕が経験したなかで特に印象に残っているのが、2014年のAFCフットサル選手権の決勝で日本代表がイラン代表と対戦したときのことです。

日本は延長戦で1－2とリードを許している状況で、フィールドプレーヤーがGKを務めて、5人全員で攻め込むパワープレーという戦術で攻撃を仕掛けていました。

そのような状況のなかで、横パスを受けた僕は、フリーだったのでミドルシュートを打ったのですが、このシュートは枠を外れてしまっていたのです。

そのボールに対してイラン代表のDFは、おそらくセカンドポストにいる味方へのシュートパスだと判断してカットしようとしたのでしょう。ところが、足を伸ばしてボールに触ったところ、コースが変わり、それがゴールに入り、日本は2－2の同点に追いつくことができました。フットサルにはオフサイドがなく、セカンドポストへ送ったシュート性のパスに合わせて決まる得点が多いので、それを阻止しようとしたのかもしれません。

いずれにせよ、このゴールで追いついた日本は、ＰＫ戦の末にイラン代表を破り、ＡＦＣフットサル選手権の連覇を果たしました。

これは、「枠を外れたシュートがゴールに入った」珍しいケースの一つですが、こうしたことが起こる可能性があるため、枠を外れたシュートがゴールになる可能性はゼロとは言えません。ただし、自分自身のキャリアを振り返ると、枠を外したシュートがゴールにつながったケースは、数えるほどしかありません。

ですから、枠を外れたシュートがゴールに入る可能性が極めて低いことは間違いありません。

シュートが弱くても入る可能性はある

そもそも、フットサルにおけるシュートシーンとはどういう場面なのでしょうか。ゴール前で完全にフリーになってシュートを打てる場面は、実はほとんどありません。ＤＦのプレッシャーを受けずに、ＧＫと1対1の状況でシュートを打てる場面というのは、相手が相当なミスを犯した場合、または、相手のマークミス、もしくはカウンターのカウンターなど、フリーになれたときに限ります。

シュートを打つときは、ＧＫがゴール前にいて、さらにはＤＦがプレッシャーをかけにきます。

ＤＦがプレッシャーをかけにくると、ゴールまでの間に密集ができやすくなります。ＤＦには、「ボールとゴールを結ぶ線の上に立つ」というセオリーがあります。守らなければいけないのはゴールですから、シュートを阻止するために相手選手は当然、ゴール前に密集します。

さらには味方も、こぼれ球を狙っていたり、ゴール前でラストパスを待っていたりします。

フットサルでは2、3人、サッカーにおいてはそれ以上の選手が、ゴール前にいるのは不思議なことではありません。

フットサルではシュートを打つ際に、相手DFの股の下を狙うことがよくあります。なぜかと言えば、DFの足の間を抜けてくるシュートはGKにとってブラインドになって見にくく、本来は消されているはずのシュートコースからボールが飛んでくることで、反応が遅れるからです。

さらには人が密集していれば、ゴール前のDFにボールが当たったり、詰めていた味方が軽くボールに触ったりして得点につながることがあります。

ゴール前に詰めて、ワンタッチでゴールを狙うプレーは、僕もよくやるプレーなので後述しますが、GKにとっては、ゴール前に人が密集しているなかでシュートを打たれるのは、間違いなく嫌なことです。

つまり、「シュートスピードが遅くても、枠にさえ飛ばしていれば、状況によってゴールに入る可能性はある」と言えます。

GKとしては、ボールが見えて反応もできたけれど、DFにちょっと当たってコースが変わったことでゴールに入ってしまったというケースがあります。フットサルやサッカーを見たり、プレーしたりする人であれば、そういう場面は日常的に目にするでしょう。

ただし、こうした状況を生かしてゴールを決めるためには、その前提として、シュートをゴールの枠に飛ばさなければいけません。

まれに、ボールがちょっと浮いていたり、変なバウンドがかかっていたりすることがあります。そういうときは**「強いシュートは打てないな」と感じたとしても、自分の技術でそのボールを枠に飛ばせると判断したら、多少弱くなると分かっていようと、僕はシュートを打ちます。**

枠に飛ばすことさえできれば、ゴールになる可能性があります。そう思っているから、シュートを打っていますし、ちょっと弱いシュートになるとしても打つべきです。

もっとも、同じコースにボールが飛ぶのであれば、シュートスピードが速いに越したことはありません。

また、状況によっては、シュートの強さを意識して打つ場合があります。例えば、距離のある位置からのシュートです。

ミドルシュートやロングシュートと言われるような距離からは、力の調整をしないで思いっ切り打ちます。なぜかと言うと、ゴールからの距離が遠い場合、力を抜いて弱く蹴ると、当然、ゴールに入る可能性が限りなく低くなるからです。ゴールから遠い位置で打つ場合は、そのときにできる一番強いシュートを打つようにします。

シュートを枠に飛ばせないと思ったときは？

「シュートスピードが多少遅くなっても枠に飛ばそう」という話をしてきましたが、もし枠に飛ばせないと思ったときは、シュートを打たないほうがいいかもしれません。

僕もシュートを枠の外に蹴ってしまうことはありますが、基本的にはすべて「枠に飛ばせる」と判断して蹴っています。

シュートが枠外に飛ぶ理由で一番多いのは、距離がある位置で強く蹴らなければいけないときに、力を入れてシュートを打った場合です。サッカーでも、フットサルでも、距離のある位置からのシュートは、枠を外す可能性が高くなります。ゴールまで距離があるとGKは視野を確保しやすいので、シュートが弱い場合、対応されてしまいます。距離があるところからのシュートは、ある程度のスピードがないとゴールにならないので、強く蹴ることになります。ですから、ミドルシュートやロングシュートが枠を外れるのは仕方ないことでしょう。

ちなみに、僕は数多くのゴールを挙げることができましたが、僕のシュートの強さは、Fリーグ全体で見ると、決して一番だったわけではないと思います。いわゆる〝弾丸シュート〟を打てる選手は外国人選手をはじめとして多くいますが、僕は、彼らほどの強烈なシュートは打てません。

キックを強くするためだけのトレーニングをやったことはなく、必要な筋力を身につけていくなかで、シュートスピードが自然と上がったと思っています。

置いてあるボールを強く蹴る力は、Fリーグの中で一番ではないかもしれません。でも、転がってきたボールや空中にあるボールを蹴ったときのシュートスピードは、

■シュートの判断プロセス

シュートを打つことができるか？

NO →
- パス
- キープ
- ドリブル

シュートを打てない状況であれば、味方にパスする、あるいは、ボールをキープして味方の上がりを待つ、ドリブルで運ぶなどのプレーをし、打てる状況をつくり出す

YES ↓

枠に飛ばすことができそうか？

NO →
- パス
- キープ
- ドリブル

枠に飛ばないシュートはまず入らない。よりよい体勢でシュートを打てる状況をつくるために、ドリブルで打開する、味方へパスする、ボールをキープして味方の上がりを待つなどのプレーをし、打てる状況をつくり出す

YES ↓

強いシュートを打てそうか？

NO → **シュートを打つ！**

強いシュートを打てなくても、枠に飛ばせば、ゴールにつながる可能性が生まれる。打てる状況であれば、打つことを第一に考えるべし

YES ↓

シュートを打つ！

シュートを打てる状況なら打つ。
ただし、パワーよりも、
枠に飛ばすことを重視する

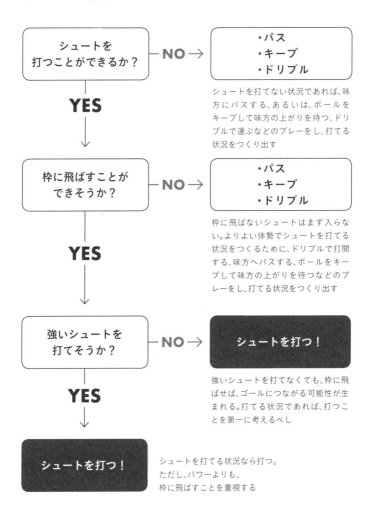

Fリーグで3本の指に入っていたのではないかと自負します。

実際にこれまで決めてきたゴールを振り返ると、ゴールから距離のある位置でパスを受けてダイレクトで放ったシュートは、シュートスピードが速いものが多いのです。

これも、特別な練習をしたわけではありませんが、**ボールのどこに足を当てればいいのか、どの角度でミートすればより強いボールが飛ぶのか、その感覚を小さい頃から磨いてきたことで、転がってくるボールや浮いているボールを反発させて強く蹴る力がついた**のではないかと、自分では分析しています。

そのあたりの技術的なことは、第2章で深掘りして話したいと思います。

たとえシュートスピードが遅くても、枠にさえ飛ばしていれば、ゴールに入る可能性はある

SECTION

3

ゴールへの意識を常に持つ

ゴールに直結するプレーを常に意識する

前項では、シュートに対する僕の考え方を伝えるうえで大切にしている、根本的な部分についてお話ししました。

ここからは、より「メンタル」的、あるいは「マインド」的な内容、すなわち「心」の面へと進んでいきたいと思います。

ゴールを奪ううえで心がけるべきは、**「ゴールへの意識を常に持つ」**ことです。

非常に当たり前のことではあるのですが、日本人、特に子どもたちは、この意識がまだまだ低いのではないかと思っています。

「ゴールを常に意識しろ」

「シュートを打つことを常に考えろ」

こういった言葉は指導現場でよく飛び交うと思います。

これはすなわち、「ゴールを奪う方法を常に考えろ」ということだと考えます。

これもまた当たり前のことですが、サッカーやフットサルは、得点数を競うスポーツです。何点決めて、何点取られたか、その結果によって、勝敗を決するスポーツです。

その過程において、どんなに美しいパスを出したとしても、華麗なドリブルで何人も抜き去ったとしても、それだけで点数が入るわけではありません。

サッカーやフットサルに、〝技術点〟はないのです。

ゴールを取るという目標の下で生まれるプレーでなければいけません。

言い方を変えるなら、「ゴールへの道筋」を考えなければいけないのです。

それが見えたなかで、味方にパスを出したほうがゴールにつながる可能性が高いのであれば、パスを出すべきですし、ドリブルで抜いたほうがゴールの可能性が高まるのであれば、そうすべきです。しかし、ゴールチャンスなのであれば、迷わずシュートを打つべきです。

例えば、目の前の相手だけを見てドリブルを選択し、そのプレーが成功したら（相手をかわすことができたら）シュートを考えようというのは、順番として正しくありません。やはり、ゴールが先にくるべきです。

極端なことを言えば、守備をしているときでも、ゴールを意識しなければいけません。ボールを奪ったあとに、どうやってゴールに結びつけるかを考えるのです。

ＧＫが少し前に出ているのであれば、頭越しのロングシュートを打つことを意識しておくのも大切です。

近年のＪリーグでも、ハーフウェーライン近くからのロングシュートが決まるシーンを年に数回は目にします。

もちろん、それほどの長距離のキックをＧＫの頭上を越える弾道で正確に蹴る技術がなければ成功しませんが、たとえその技術があったとしても、ゴールへの意識を常に持っていないと、そのゴールは生まれません。

この意識は、ピヴォだから、ＦＷだからではなく、チーム全員が持つべきものだと思います。

特にフットサルにおいては、全員にシュート機会があるので、**チャンスが訪れたときに逃さないよう、ゴールに直結するプレーを常に意識しておくことが、チームの勝利にとって大切なポイントになります。**

シュートを打ったことを褒める声かけ

ゴール前でシュートを打てるチャンスがある（周りからはそう見える）のに、シュートを打たず、もう一つドリブルで運んだり、味方へのパスを選択したりするシーンが、特に日本ではよく見られます。

その選択をした結果、ゴールにつながれば、まだいいでしょう。

しかし、その選択によってＤＦの戻りが間に合い、シュートを打てなくなってしまったのであれば、すなわち、それはゴールを意識していないプレーと言えます。

なぜ、こういったプレーが生まれるのでしょうか。

日本人の文化的な習性もあるのかもしれませんが、それよりも、幼少時代からの習慣によるところが大きいでしょう。

例えば、ゴール前でＤＦと対峙しながらボールを持った子どもが、シュートを打って外してしまったとします。

周りにフリーの味方がいたとしたら、「周りを見ろ」、「シュートを打つな、パスを出せ」、そういった声のかけ方をしている指導者を見ることがあります。

もちろん、味方にパスを出したほうがゴールの可能性が高い状況で、無理にシュートを打ってしまったのであれば、違う判断もあったのではないかと指摘することは正しい指導かもしれません。

でも、シュートを打つのとパスを出すのがほぼ同じ可能性でゴールになりそうな状況において、シュートを外したという結果だけを見てそのような声かけをするのは、違うのではないでしょうか。

そのような指導を受けた子どもは、シュートを打つことやシュートを外すことをおそれ、ゴールを第一に考えるプレーができなくなってしまうかもしれません。

そういう指導によって、シュートチャンスで打つことができない子どもを生み出してしまう可能性があります。

では、どうするべきなのでしょうか。

まずは、シュートを打ったことを褒めてあげましょう。

自信を持ってシュートを打ったその勇気を認め、チャレンジを評価するのです。その後、「こういう選択肢もあったのではないか」と伝えるのがいいでしょう。

もちろん、結果としてシュートが外れているので、その子はもっと練習して、そのシーンで決められる技術を身につける必要があります。でも、練習すれば、次は必ず決められるようになります。

指導者の方には、子どもたちからシュートを打つ勇気を奪わない声かけを意識してほしいと思います。

子どもの判断力を奪ってはいけない

子どもたちへの声かけにおいて意識すべき点としては、子どもたちの個性を把握することも大切になります。

一人ひとりに性格の違いがあるわけですから、怒られることで、「見返したい」と、よりやる気になる子もいれば、ケロっとしている子もいますし、萎縮してしまう子もいます。

ですから、正解は一つではありません。

そこの見極めの難しさはあるのですが、僕が子どもたちへの声かけで意識しているのは、彼らが選択したプレーに対して、「こうしろ」とは絶対に言わないことです。「こういう選択肢もあったよね」というように、**彼らの選択肢を増やすためのアドバイスとして伝えることを意識しています。**

一番やってはいけないのは、子どもたちの判断力を奪ってしまうことです。試合やトレーニングのなかで「ここでパスだ」、「ここでシュートだ」というような伝え方をすると、彼らはその通りにしかプレーできなくなってしまいます。

すなわちそれは、指導者という司令塔がいなくなったら、正しいプレーを自分で判断できなくなることを意味します。

自分でプレーを選択してミスし、それに自分で気づいて、自分で修正してもらいたいのです。そうやってうまくなってもらいたいですし、その習慣を身につけることが、シュート技術の向上につながると思います。

また、指導者が言わなくても、子どもたち同士で「パスを出せよ！」というような声が飛び交う場合がありますが、これに関して何かを言うことはありません。

もちろん、「バカヤロー」のような暴言だとしたら怒るケースがありますが、子どもたちがお互いにプレーを要求し合い、主体性を持ってやっていることに対しては、なるべく口を出さないようにしています。

繰り返しますが、**子どもたちが自分で考えて判断することが大切になります。**

それを積み重ねれば、自信を持ってシュートを打つようになり、ゴールを決める力をつけることにつながっていくと思います。

ブラジル人と日本人のシュートに対する意識の違い

シュートを打ったことへの声かけは、子どもに対してのみならず、大人に対してもあてはまることです。

僕はこれまで所属したチームで、多くのブラジル人選手とともにプレーしてきました。彼らには共通することがあります。

ブラジル人は、試合でもトレーニングでも、**シュートチャンスで打った味方に対しては、基本的に、「ナイス！」と声をかけます。**そのシュートが入る可能性がどんなに低いものであったとしても、です。

逆に、シュートを打てるチャンスを逃し、打たなかったことで相手ＤＦに囲まれてしまったりすると、「何で打たないんだよ！」と言います。

この「シュートを打つ」ことに対する意識の違いは現象として出ています。ブラジルではゴールを奪える選手がたくさん生まれるのに比べ、日本では点取り屋があまり現れず、結果として決定力不足が課題になっています。

ブラジル人にとって、シュートはポジティブなものなのです。

日本人に見られる、**「シュートを打って外したら怒られる」、「シュートを外したらいやだな」という思いを彼らはいっさい持っていないのだと思います。**

枠に入れなければシュートは入らないという話をすでにしましたが、そもそも、シュートを打たなければゴールは生まれません。

そして、シュートは打った分だけうまくなります。

一日にシュートを10本打つ子どもと、50本打つ子どもがいたら、後者のほうが確実にシュートの感覚をつかんでいるでしょうし、その子がゴールを奪える可能性は高まっていると思います。

もちろん、その過程で、たくさんのシュートを外していることでしょう。でも、その経験をもとに修正していけばいいのです。シュートの感覚をつかむことが最も大切なのです。

シュートを外すことは失敗ではありません。

シュートを打った時点で成功です。

シュートというものをそれくらい前向きに捉えないと、日本人の得点力不足や日本のストライカー不足の状況は変わらないと僕は思います。

子どもたちには、シュートをポジティブに考えられる声かけをしてほしい

SECTION

4

平常心でプレーする

自分が実力を発揮できるメンタルの状態を知る

メンタルの状態はプレーに大きな影響を及ぼします。

特に公式戦ともなれば、一つのプレーが、目の前の試合の勝敗はもちろん、プロ選手の場合は、大袈裟に言えば、自分のその後の選手生命を左右することになる可能性があります。

トレーニングと違って試合では、大勢の観客の前でプレーすることになりますし、DFやGKの本気度が桁違いです。さまざまな要素が絡み合う、大きなプレッシャーがかかるなかでプレーし、ゴールを決めなくてはなりません。

いいメンタルの状態でプレーすることは、いいプレーを発揮するための必須条件です。

では、「いいメンタル状態」とはどういうものなのでしょうか。

僕の場合は、「平常心」だと思っています。

公式戦の場であっても、普段と同じメンタルの状態にあることです。

平常心でいれば、**自分の持っている技術を存分に発揮できます。何かに気を取られたり、心がブレたりすることはありません。**それが僕にとってのベストの状態です。

ちなみに、「いいメンタル状態」は、人によって異なると思います。

興奮状態で、闘争心を前面に押し出せているほうが、自分の実力を発揮しやすい人もいるでしょう。

また、少し緊張しているくらいがちょうどいい人もいるはずです。

大切なのは、自分がどのような心理状態であれば、最もいいパフォーマンスを発揮できるかを知ることです。

僕の場合は、それが「平常心」なのです。

それでは、どうやったら「平常心」の状態をつくり出すことができるでしょうか。

その源になるのは、「自信」なのかなと思います。

自信がないと「大丈夫かな、うまくいくかな」と、緊張してしまったり、不安になってしまったりします。

それが出てこないようにするためには、自信をつけるしかありません。

ではその自信をどうやったら得られるのか、それは、結果を残していくことだと思います。

結果を残せば、自信がつきます。

また、結果を残していない人が自信を得るためには、練習をたくさんして、「これだけやったのだから大丈夫」と自信を持つことが大切です。

自信があれば、いいメンタルの状態でプレーでき、いい結果が出ます。

このいいサイクルをつくっていくことが大切です。

そういう意味で言うと、ゴールを大量に取ったり、すべてのプレーを成功させたりする必要はないんです。たった一つのゴール、それだけで自信は得られると、僕は思います。それが、ストライカーというポジションを任される人の性かもしれません。

ただし、シュートを打つ際に一つだけ気をつけておきたいことがあります。

それは、「雑念」です。

どれだけいいメンタル状態でプレーしていても、シュートを打つ瞬間に余計な考えが浮かんでしまうと、たいていはシュートを外します。僕の場合、シュートを打つ直前に、「これは絶対に入ったな」という思いが頭をよぎることが、ときどきあります。シュートが決まって喜んでいる自分の姿が一瞬でも浮かぶと、うまくいきません。これと同じような経験をしたことがある人はいるのではないでしょうか。

外したシュートは、次に決めれば取り返せる

ストライカーのメンタル面にネガティブな影響を及ぼす要素としては、シュートを外してしまうかもしれないという恐怖心が挙げられるのではないでしょうか。

誰もが「決まった」と思うような決定的なチャンスでシュートを外すと、そこで気落ちしてしまい、その後のプレーがうまくいかなくなることがあります。

失敗したシュートが頭をよぎり、自信を失い、シュートが入らなくなってしまうんです。これが試合の序盤だと、その影響度は計り知れません。

その試合を通して、活躍できなくなってしまいます。そして、自信を失う、プレー

たくさん練習をして、「これだけやったのだから大丈夫」と自信を持ってほしい

がまたうまくいかない、という負のサイクルに陥る可能性があります。

こういうときにどうするのかと言えば、「気にしない」、これに尽きると思います。

僕の場合も、失敗したシュートのことを深く考えすぎてしまうと、もうダメです。

「やっちゃったなぁ」と、極端に言えば笑い話にするくらいに考え、「次で決めればOK」と、気持ちを切り替えるようにしています。

重く受け止めれば受け止めすぎるほど、その後のチャンスで決められなくなってしまうからです。ただし、これに関しても、人それぞれなのかなとも思います。

例えば、チームのなかで完全に主力として扱われている選手であれば、多少の失敗を犯したとしても、すぐに交代させられることはないでしょう。また、ある試合で不調だったとしても、次の試合ではまた起用される可能性が高い状況にあると思います。

そういう立場の選手であれば、一度の失敗を重く受け止めず、軽い感覚で捉えることで気持ちを切り替えやすくなるかもしれません。

しかし、試合に出られるか出られないかの瀬戸際にある選手が、やっと起用された数少ないチャンスで失敗した場合は、より重く受け止めてしまうかもしれません。

でも、どんな立場の人であっても、少なくとも1回のシュートミスで、次のチャンスがもうやってこないということはないように思います。

次のチャンスはその試合中かもしれないし、次の試合かもしれません。

確かなのは、**「外したシュートは、次に決めれば取り返せる」**ということです。そう考えてほしいと思います。

これがＤＦやＧＫだと、ミスで失点してしまった場合、自らゴールを決めて取り返すのは簡単なことではないでしょう。何より、失点はゼロには戻せません。

でも、シュートをミスしたとしても、マイナスにはなりません。次のチャンスは必ずやってきます。

むしろ、一度失敗したのであれば、「次こそ絶対に決めてやる」と、それまで以上に強く前向きな気持ち、ポジティブな気持ちに持ち直してほしいと思います。

選手としてのゴールは先の未来にある

この本を読んでいる読者のなかには、フットサルやサッカーをやっている子どもたちもいるのではないかと思います。そういう子どもたちに向けて僕が常に伝えているのは、「いまはまだゴールではない」ということです。小学生や中学生であれば、より高いレベルでのプレーやプロ選手を目指して、いま頑張っている人も多いでしょう。そういう過程においては、試合や練習でシュートを外す、多くのミスをするなどによって、落ち込むときがあるのではないかと思います。

でも、よく考えてほしいのです。

いま活躍することが、あなたのゴールでしょうか。

小学校、中学校、高校で活躍することが、あなたのゴールでしょうか。

多くの人にとって、それは違うのではないかと思います。

目標は、もっと先にあるのではないでしょうか。

いまの段階でのミスは、今後に向けての糧にすればいいんです。

もちろん、目の前の試合は大切ですし、そこに全力で挑むことは絶対に必要です。全力で挑むからこそ、そこでミスしたり、負けたりした場合に、深く落ち込んでしまう気持ちは、僕も幼少期からプレーしてきたから理解できます。

でも、落ち込む必要なんて、まったくありません。

これがプロ選手であれば、自分の生活がかかっている仕事ですから、ミスで気落ちして、悩むのもわかります（それでも気にする必要はないとも思います）。

プレー機会を失ったり、職を失ったりすることにつながってしまうからです。

すぐに切り替えるのは難しいのかもしれません。

子どもや学生のみなさんは、これから先、多くの時間とチャンスがあるので、ミスで落ち込んで下を向くのではなく、自らを向上させていくことだけを考えましょう。

小中高生の段階で成功を収めるのが目的ではないはずです。

現時点でミスしたり、落ち込んだりすることは、将来においてより大きな花を咲かせるための一つの経験として考えてください。

常勝軍団のチームメンタリティー

先ほど、自分の置かれている立場によってミスやシュートの重みは異なるという話をしました。

そういう意味では、僕が2011年から4シーズンにわたって所属した名古屋オーシャンズは、とりわけ特別な立場にあったチームだと思います。

ご存知の方もいると思いますが、オーシャンズは、2007年から始まったFリーグにおいて、2016−17シーズン以外のすべてのシーズンで優勝している、まさに常勝軍団です。2011−12シーズンにおいてはリーグ戦無敗で、なおかつ国内の全タイトルを獲得するほどの強さを誇りました。

そういうチームでプレーするときは、どんなメンタリティーでいると思いますか？

正直なところ、勝っている試合が多かったので、チームとして追い込まれることが少なく、メンタルがブレてしまう状況になりにくかったのは確かです。

ただし、勝ち続ければ勝ち続けるほど、負けてはいけないというプレッシャーの下でプレーしていたのも事実です。

そんななかで、**全員が自信を持ち、全員が心に余裕を持ってプレーしていました。**

チーム全体としてのメンタルの強さは、さまざまなチームをわたり歩いた僕だからこそ、そのすごさがよくわかります。

もっとも、常勝軍団と言えども、全試合で圧勝していたわけではありません。

試合のなかでリードされていることは当然ありましたし、「きょうは勝てないかも」と感じるような状況に追い込まれ、ギリギリで引き分けたりする試合もありました。

でも、全員がブレないんです。

メンタルがブレないからこそ、全員が自分の実力を発揮できます。

そしてチームとして、「必ずゴールを奪えるだろう」という雰囲気になるのです。

失点したときにズルズルと落ち込んだり、リードされたときに跳ね返す力を出し切れなかったりするチームが多いなか、オーシャンズは、他のチームが見習うべきメンタリティーを持ったチームだったと実感します。

SECTION

5

ゴールに対する執着心を持つ

ストライカーが持つべきメンタリティー

シュートを決めるための〝マインド〟についてここまで話してきましたが、ストライカーが持つべきメンタリティーとして最も大切なことは、非常にシンプルです。

それは、ゴールに対する徹底した執着心を持つことです。

「自分が絶対に決める！」、「自分なら絶対に決められる！」、「自分のゴールでチームを勝利に導く！」、「自分が試合に出れば、絶対に勝てる！」という強い気持ちを常に持ちながら、僕はプレーしてきました。

シュートを決めることに対するこだわりや執念は、誰にも負けていませんでしたし、そういう気持ちでプレーしたからこそ、ゴールを決め続けることができたのだと思います。

シュートを外してしまう選手は、どこか自信がなさそうで、「外してしまうのではないか」といった弱気なメンタリティーでプレーしているように見えます。少なくとも、「自分が絶対に決める！」という強い気持ちにはなっていないと思います。

例えば、決勝戦のような重要な試合になればなるほど、大きなプレッシャーを感じるものです。

僕は、リーグ戦の行方を左右する重要な試合や日本代表として国を背負って戦う試合をたくさん経験しましたが、極限状態の中でも自信を持ってシュートを打てる強いメンタリティーが、ストライカーには絶対に必要です。

ストライカー像は自らつくり上げる

僕はプロフットサル選手として、これまでにいろいろな取材を受けてきたのですが、そのなかで、「目標にしている選手は？」、「影響を受けた選手や指導者は？」とよく聞かれました。この質問、実はいつも回答に困りました。

僕は、あまり人の影響を受けないほうなんです。

だからと言って、人の話を聞かなかったり、何も参考にしなかったりするわけではありません。サッカーをやっていた時代は、中村俊輔選手（横浜ＦＣ）に憧れて、雑誌やＤＶＤをよく見たものでした。

ただし、フットボーラーとしての自分をつくり上げていく過程においては、誰かに頼ったり、誰かを真似たりといった経験をしたことがありません。

この章の最初で話した通り、僕はもともとサッカーをやっていて、ポジションは中盤でした。そこからフットサルをはじめ、ピヴォを任されるようになりました。

そもそもサッカーをプレーしていた頃の僕は、ストライカーではありませんでした。ですから、ピヴォとして成功するかどうかわかりませんでしたが、なぜ自分がこのポジションを任されているのか、どうやってこのポジションで自分の特長を出して結果を残していくかについて、常に考えていました。

自分にできるプレーを全力で出した結果、意外に点を取れることがわかりました。そうやって少しずつ、点取り屋の渡邉知晃がつくられていったのです。

僕のフットボーラーとしての人生はすでに20年以上が経っていますが、その間には、

「調子が悪いな」、「最近、点がなかなかとれないな」という時期が当然何度かありました。

しかし、そういうときに、「どうしたらいいですか」と、誰かに相談したことはありません。もちろん、アドバイスをされればしっかりと耳を傾けますし、それを生かせると思えば生かします。でも、自分主導で聞きにいったことはありません。

これがいいことなのか、悪いことなのかはわかりません。

でも、**人に頼るのではなく、まずは自分で考え、修正しました。悪い流れはいつか断ち切れる、そう思い続けました。**

そうすることで自信を持って続けたからこそ、ブレずにやってこられました。そして、選手としてこうして結果を残すことができました。

メンタルの根源は幼少時代

なぜそういう心の持ち方ができるようになったのだろうかと考えてみると、小学校4年生のときに父親を病気で亡くしたことが一つの要因として挙げられると思います。

二つ下の弟はいましたが、父親が家庭からいなくなったことで、「家族のなかで一番年上の男は自分だ」という思いが小学生ながらありました。

例えばですが、「もし強盗が襲ってきたら……」と考えると、それまでは、父親が戦ってくれるんだろうと思っていました。でも、父親はもういません。だったら、僕が戦わなくてはいけない、幼心にそう感じたんです。

父親の死を境に、強く生きていかなければならないという思いが芽生えました。

幼稚園の頃は、けっこうな泣き虫だったみたいです。

朝、幼稚園まで送ってくれた母と別れるときには、よく泣いていました。

でも、父親が亡くなって以降は、泣いた記憶がほとんどありません。

父親の死を境に変化した僕のメンタルは、確実にいまにつながっています。

もちろん、これはあくまでも僕自身の経験談です。

当たり前ですが、ストライカーとしてのマインドを手に入れるために親族を亡くす必要はありませんし、亡くした人が必ず強い人間になれるわけでもないのです。

僕と違い、周囲の方からのアドバイスをたくさん吸収することで、選手としての自分のスタイルを形成した人もいるでしょう。

ただし、**どんな環境に置かれても、自分が成長するための方法をまずは自分自身で常に考える必要があると思います。**

まずは自分で考え、解決策や改善策を試したうえで、アドバイスを取り入れるのです。

子どもであっても、大人であっても、それが一番大切なことです。

ストライカーを目指すうえで、常に意識してほしいことだと思います。

第1章

まとめ

シュートを決めるための“マインド”

- ゴールの枠に入れることを第一に考える
- ゴールに直結するプレーを
第一の選択肢として常に持つ
- シュートを打つことをおそれない
- シュートを打ったことを前向きに捉え、
ポジティブな声かけをする
- 自分が実力を最も発揮できる
メンタルの状態を知る
- シュートを外したりしても、
そのミスを将来への経験として捉える
- 自分の課題について、
まずは自分で考え、修正していく
- ゴールに対する強い執着心と
こだわりを持つ

渡邉知晃が選ぶ

MY BEST GOAL

2019年1月12日

DUARIG Fリーグ 2018/2019

第29節

立川・府中アスレティックFC 3-3 バルドラール浦安

@アリーナ立川立飛

26分53秒、
チーム2点目のゴール

個人的に印象に残っているゴールはいくつもあるのですが、そのなかで、僕のシュートに対する考え方や技術のすべてが詰まっていると言っても過言ではないのが、2018−19シーズンのバルドラール浦安戦でのゴールです。自陣右サイドからのロングパスを左サイドのコーナー付近で胸トラップした僕は、そのままボレーシュートでGKが届かないゴール右隅へ突き刺しました。

これをベストゴールに選んだ理由の一つ目は、技術的な部分にあります。僕が得意とするボレーシュートであり、角度のないところから決めたシュートである点です。僕は〝難しいシュート〟が割と得意なのですが、打ちやすいところにワントラップで落とし、角度のないところから、低弾道でスピードのあるシュートを打つのは、もう一度やれと言われてもそう簡単にできるものではないと思います。

理由の二つ目は、バルドラール浦安の当時の監督であったアルベルト・リケルさんの言葉です。僕のゴールに関して、リケルさんが試合後の会見で「常にゴールの方向にベクトルが向いている渡邉だからこそ、決めることができたシュートだ」という主旨のコメントをしたと、スタッフから聞きました。

トラップした時点でゴールに対する角度がなかったため、普通の選手であれば、トラップしたあとにボールをキープして味方の上がりを待ったのではないかと思います。でも僕は、ロングボールが飛んできた段階で、胸トラップからのシュートしか選択肢として考えていませんでした。もちろん、トラップした段階で味方が中央でフリーになっていれば、パスに切り替えたかもしれませんが、シュートをファーストチョイスとして考えたのは間違いありません。

確かにゴールまでの角度はなかったのですが、ゴール前でフリーでボールを受けたのなら、シュートを打つのは当然だと思います。おそらくGKは、そんなところから打ってくるとは考えず、シュートコースは十分に消したと思っていたことでしょう。次ページの写真を見てもらえればわかるように、GKの左足スレスレのところをボールが通過しています。GKとしては、そこよりも外側を通過するなら、枠を外れるだろうという考えがあったと思いますし、結果としてゴールポストのギリギリのところに入っているので、GKの対応が悪かったわけではありません。本当に完璧なコースに、完璧なスピードで飛ばすことができた〝ゴラッソ〟でした。

←次ページでゴールへの流れを図と写真で紹介！

ゴールまでの流れ

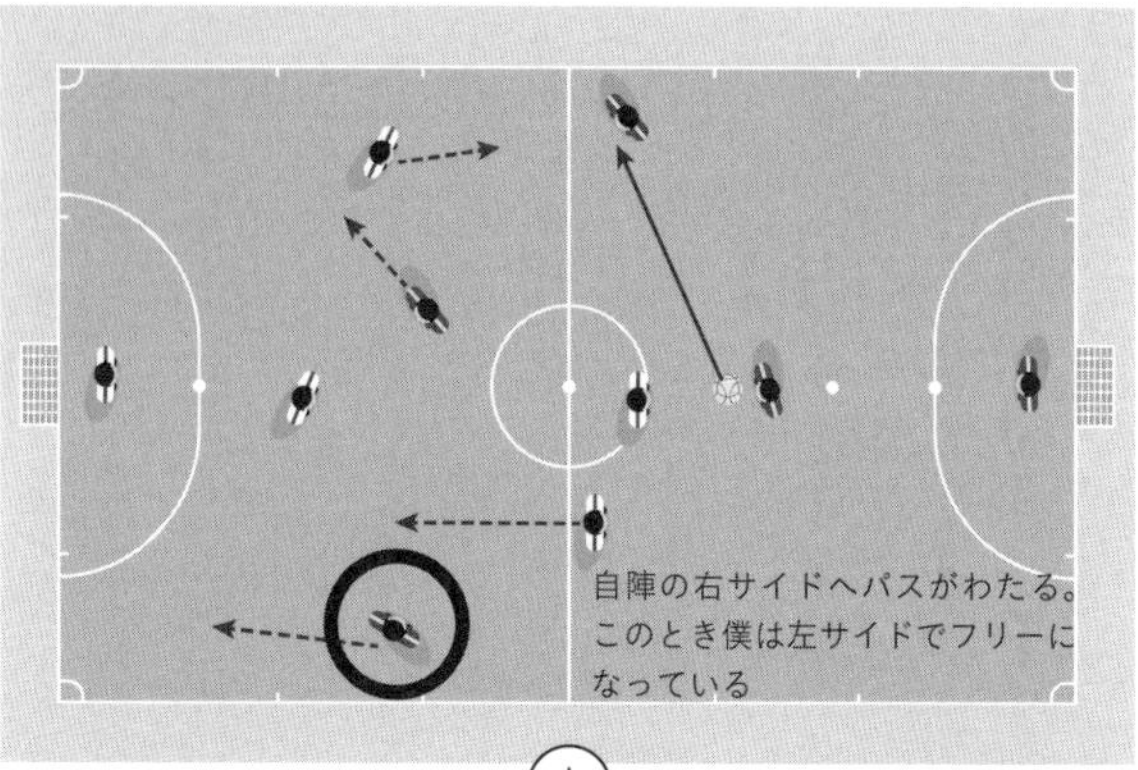
自陣の右サイドへパスがわたる。このとき僕は左サイドでフリーになっている

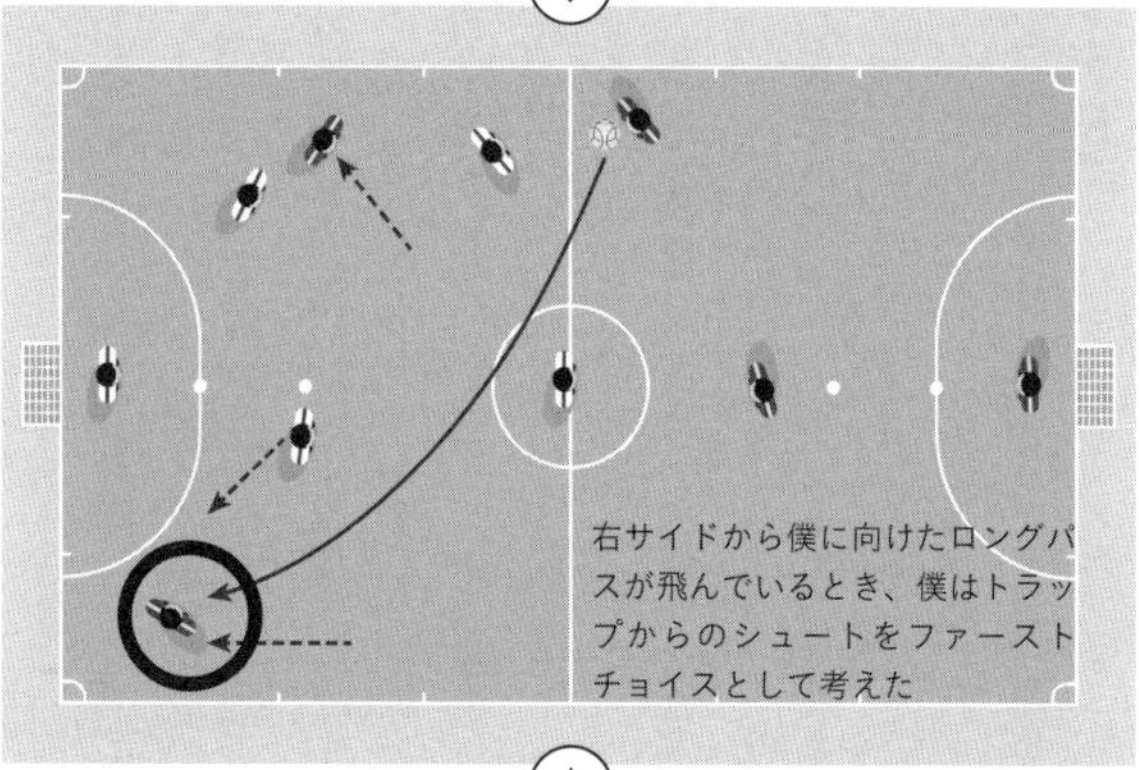
右サイドから僕に向けたロングパスが飛んでいるとき、僕はトラップからのシュートをファーストチョイスとして考えた

ロングパスが通って胸トラップしたとき、相手 DF は間に合っていなかった。そのため、角度はなかったが、迷わずに打った

コラム 渡邉知晃が選ぶ MY BEST GOAL

僕が得意とするボレーシュートを理想的なフォームで打てたのがよくわかる。ボールをふかすことなく、低弾道でスピードあるシュートを相手GKのヒザ下へ飛ばせた

第2章

シュートを決めるための“テクニック”

SECTION

1

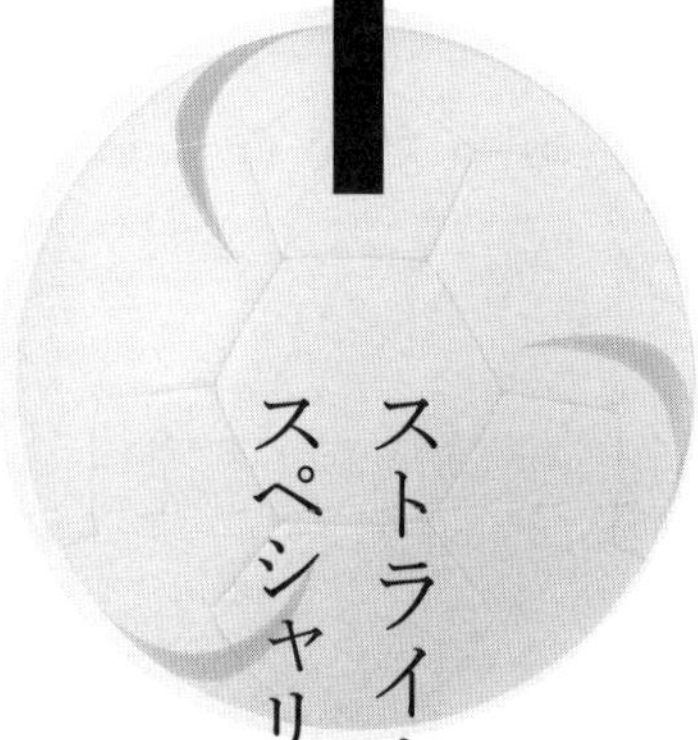

ストライカーは「キック技術」のスペシャリストたるべし

なぜ「キック技術」がストライカーに必要なのか？

僕の試合を見にきてくれたり、イベントに参加してくれたりするファンのみなさんは、試合を観戦するだけではなく、自身もフットサルやサッカーをプレーしている方がけっこう多いんです。

そんなこともあり、みなさんから必ずと言っていいほど聞かれる質問があります。

それは、「どうやったら点を取ることができますか？」、「どうやったらシュートがうまくなりますか？」というものです。

フットボールの技術的なことを言えば、その答えは当然、一つではありません。

ただし、一つだけ確かなことがあります。

それは、「キック技術」が最も大事であるということです。

「キック技術」とは、読んで字のごとく「キック」の「技術」です。

シュートでは、ほとんどの場合、ボールを蹴る（キックする）ことになります。

では、シュートを打とうとしたときに、誰もが、空振りすることなく、自分の足をボールにしっかり当てることができているでしょうか。さらには、ボールの芯を正確に捕らえて蹴ることができているでしょうか。

どんな状況にあっても、ボールを確実に捕らえる技術、状況に合わせてキックの種類を使い分ける技術、そして、狙ったところにボールを飛ばす技術、それが「キック技術」です。

そして、それこそが、ゴールを奪うことを仕事とするポジションの選手、すなわちストライカーにとって絶対に必要なものなのです。

「何を当たり前のことを……」と思われる方がいるかもしれません。

でも、考えてみてください。

例えば、同じボールを蹴るのでも、シュートではなくパスの場合、ボールの行き先はゴールではなく人間になります。人間は当然、動けます。ですから、多少のパスのズレ、あるいはキックミスは、パスの受け手がカバーしてくれます。

ミスがミスではなくなることがあるのです。

では、シュートはどうでしょうか。

シュートを打つときのターゲットとなるゴールは、絶対に動きません。

それゆえに、数センチのズレがあったら、ゴールには入りません。ノーゴールになります（もちろん、イレギュラーなことは起こりますが）。

そのため、何よりも精度の高い「キック技術」が求められます。

シュートを決める上で「キック技術」が最も大切であると言えるのは、そういう理由からです。

また、サッカーでは、ヘディングシュートを得意とする選手がいると思います。そのような選手は、自分の狙ったところにヘディングで飛ばす技術が高いため、ヘディングでゴールを量産できるのです。キックについても、同じことが言えます。

どんなシチュエーションでも狙い通りに蹴る

「キック技術」について、もう少し考えていきたいと思います。

「キック技術」とはボールを確実に捕らえ、状況に合わせてキックを使い分け、狙い通りに飛ばす技術であると先ほど説明しました。

セットプレーのように置いてあるボールをそのまま蹴るとき、あるいは自分がフリーの状態でドリブルでボールをコントロールしているときは、正確にボールを蹴ることは難しくありません。ミスをする可能性は低いでしょう。

しかし、実戦のなかでシュートを打つのは簡単ではありません。

なぜかと言うと、シュートを簡単に打たせないようにしてくる相手がいるからです。

相手が格下で、力の差が大きい場合を除けば、試合中に自分が思うようにボールをコントロールしてシュートを放てる回数は、数えるほどしかないでしょう。

ボールをトラップしてシュート、あるいはドリブルしてシュートといった個人で完結する攻撃は、相手ありきなので、対応する相手をかわさない限り、シュートを打たせてもらえません。

ではどういうシュートが成功しやすいかと言うと、サッカーであれば、サイドから上がってきたセンタリングに合わせたり、スルーパスに抜け出してワンタッチで決めたりするケースです。フットサルであれば、ゴール前で待ち構えてシュート性の速いパスに合わせたり、カウンターからダイレクトシュートを打ったりするケースが挙げられます。

これらのシュートに共通するのは、自分でコントロールしているボールを蹴るのではなく、味方から送られてきたボールをゴール方向に飛ばす点です。

置いてあるボールを蹴るのとは違い、シュートを打つ人にとっては、どんなボールが飛んでくるのかは、そのときになってみないと完全には分かりません。

予測していたコースと違うところにボールが来たり、予想よりもボールが速かったり、逆に遅かったりします。センタリングであれば、高低差も気にしなければなりません。ボールにカーブがかかっている場合、相手の股を抜けてくる場合、自分に届く目前で相手に当たってコースが変わる場合もあるでしょう。

つまり、事前にイメージしていたパスと違う性質のボールが来ることが、多いと思います。そのようなボールに対して、反応しなければいけないのです。

パスに反応してボールを蹴ったり、あるいはパスに反応してボールをコントロールしたあとでボールを蹴ったりするわけです。つまり、**どのようなシチュエーションでも確実に発揮できる「キック技術」が、ストライカーには求められるのです。**

ストライカーに必要なものは、「キック技術」以外にもあります。このあとにも述べますが、僕はどんなボールであっても、確実に捕らえてゴールに飛ばせる自信がありました。それこそが僕がゴールを量産できた要因であり、ストライカーとしての土台であったと思っています。

シュートのイメージを常にふくらませる

名古屋オーシャンズに所属していたリカルジーニョ選手が、2010年のFリーグで決めた、伝説のシュートと言われる「シャチホコシュート」（ゴールを背にして受けたボールをそのまま両足ではさんだあと、すくい上げるようにして浮かせ、前に出てきたGKの頭上を抜いたシュート）を見た人がいるかと思います。

いわゆる、スーパーゴールと言われるものです。

僕はこれほどのシュートを決めたことはありませんが、同じようにゴールを背にした状態から、ヒールキックで入れたものは、キャリアの中で何点かあります。

この種のゴールについて、少し考えてみます。

まず必要なのは、最初にも話した「キック技術」です。

僕がこの種のゴールを決めることができたのは、たとえヒールキックであっても、

「ここにボールがあって、こういう蹴り方をすれば、ここに飛ぶ」と自分でわかっていたからです。

ただし、インサイドキックやインステップキックと同じように、ヒールキックの技術を取得しているのが、ゴールを決めるための前提となります。

もう一つ必要なのが、イメージです。

ゴールに背を向けている以上、相手GKやDFの位置までは把握できません。でも、それまでの経験則とピッチ上の自分の立ち位置により、GKはこれくらいのところに立っているだろう、DFはここにいるだろうと、イメージとしてわかっているのです。

だからこそ、「GKがここにいるとするなら、ここに蹴れば入る」という図を頭の中に描くことができ、ゴールを決められるわけです。

リカルジーニョ選手のケースについても、ボールを受けた時点で、彼はゴールの方向をまったく見ていません。おそらく経験則により、こういう状況ならGKが前に飛び出してくるだろうと分かっていたのでしょう。

彼のゴールも、僕のヒールでのゴールも、**ゴールが決まるシュートのイメージと、**

それを実現できるキック技術を持っていたからこそ生まれたものです。

そのどちらかが欠けていたら、そういう状況になったときにシュートを打とうと判断することすら、そもそもできません。

ゴールのイメージのふくらみ方は、どれだけ多くのシュートシーンを経験してきたかによって、人それぞれです。

仮に自分が経験していなくても、どこかで似たようなシーンを見たことがあれば、練習や試合のなかで、とっさにそのプレーが出るかもしれません。

ですから、ストライカーを目指すのであれば、できるだけ多くのゴールシーンを見たほうがいいでしょう。

最近では「トッププレーヤーのゴール集」といった動画が、ＹｏｕＴｕｂｅなどで、山ほど公開されています。空いた時間などに、ぜひその動画を見て、ゴールのイメージを普段からふくらませておいてください。もちろん、僕のゴールも参考にしてくれたらうれしいです。

SECTION

2

キックを選択する瞬間的な判断力

「キック技術」と判断力がストライカーの条件

いかなるシチュエーションでも、狙い通りにボールを蹴ることができる「キック技術」がストライカーには必要であるのは、お話しした通りです。

次に大切なのは、「キック技術」を適切に発揮するための瞬間的な判断力だと考えています。

ボールを自分でコントロールできている場合は、「キック技術」を発揮しやすいのは言うまでもありません。

例えば、ボールをトラップした時点でフリーになっている場合、もしくはドリブルから相手を置きざりにしてGKと1対1になった場合などが、これにあたります。

こうした場面では、シュートを打つ前に「こうしよう」、「ここを狙おう」と考える時間やイメージを浮かべる余裕があるはずです。

トラップした瞬間にフリーであれば、GKを見ることができます。そのときにGKが前に出てきていれば、「じゃあ、ループシュートを狙おう」、「ドリブルでかわしてから、シュートを打とう」と、打つ前に考えるはずです。

それほどの余裕があるシチュエーションでは、正直な話、トップレベルの選手であれば、高い率でシュートを決めることができます。そのようなシチュエーションでのシュートが上手な選手は、たくさんいると思います。

でも実際の試合において、そのようなシーンはめったにありません。

なぜなら、ゴールに近づくにつれて、相手が阻もうとする力が強くなるからです。ゴール前にはDFが密集し、シュートコースも少なくなります。

では、ダイレクトシュートの場合はどうでしょうか。

どんなパスが来るか直前まで分かりませんが、そのパスにしっかり合わせて、ゴールに飛ばさなければいけません。考える間もなく、瞬間的に「これだ！」というプレー（キック）を選択しなければならないのです。

考えるというよりは、反応するわけです。

その瞬間的な反応で狙い通りのボールを蹴ることは、誰にでもできるわけではありません。本当に技術が高い選手でなければ、思い通りのシュートを蹴ることはできないのです。

ですから、それができることがストライカーの条件となり、選手の技術レベルを計る一つの目安になります。

闇雲に打たずにしっかり狙う

相手GKと1対1になった場合、特に子どもたちに多いのが、闇雲にシュートを打ってGKに当ててしまう、もしくは枠を外してしまうことです。

サッカーに比べるとフットサルはゴールが小さくてシュートを決めにくいので、よりしっかり狙ってシュートを打つことが大切になります。

狙いどころを大きく分けると、9つになります。まずはゴールを4分割した、上下左右。そしてGKにより近づいたときのGKの股下、両脇の下の2カ所、顔の両側の

2カ所を合わせた9カ所です。

GKに近づいた場合は、**そのGKさえ通過すれば、カバーリングしているDFがいない限り、その後ろには基本的にゴールしかないので、確実にシュートが決まります。それゆえに、強いシュートを打つ必要はなく、GKに触れられないところにボールを通すことが最も大切になります。**

GKとしてはシュートを打つ選手との距離を詰めるなど、コースがなるべく空かないように意識しながら守ってくるので、狙いどころが見つかりにくいときが当然あります。

そういう場合は、ドリブルでかわすのも一つの選択肢となるでしょう。

繰り返しますが、闇雲に、強く打ってはいけません。

それでGKに弾かれてしまうと、得点が決まらないだけでなく、跳ね返ったボールが、相手にカウンターのチャンスを与えることになったりもします。つまり、打つことによって、失点のリスクが生まれてしまうのです。

ちなみに、相手GKのタイプによって狙いどころを変えることは、少なくとも僕はやりません。

それぞれのGKには体格やタイプの違いが当然ありますが、空いているコースに蹴ることができれば、どんなGKであってもシュートは入ります。

事前のデータとして、股下が開きやすいとか、積極的に飛び出してくるとか、そのような情報があれば、少しは意識します。ただ、結局はシュートシーンにおいて、どこがシュートコースとして空いているかがすべてです。

Fリーグや国際舞台ともなると、GKのレベルが高くなり、シュートコースの消し方がうまいGKがたくさんいます。

ただし、僕の考えとしては、「常に」完璧にコースを消せるGKはいないと思います。もしもシュートコースがなくなってしまっている場合は、自分のボールの持ち方やトラップの仕方が悪い、あるいはポジショニングが悪いなど、自分のほうに原因があると考えるべきです。

完全な独走状態でGKと1対1になった場合、自分がシュートのタイミングやコースを誤らなければ、確実に決めることができるはずです。

どんなGKでもシュートコースはあります。

あとは、そこに蹴ることができるか、できないかの技術力にかかってきます。

ちなみに僕は、「最終的にゴールを決めた人がすごい」と考えています。

当然、アシストをしてくれた人に対して最大限のリスペクトを持っている前提ですが、どんなに簡単なシュートでも、それを決めなければ1点にはなりません。そういうシュートを外してしまう可能性もあるのですから。

だからこそ、ゴールを決めれば非常にうれしいですし、ゴールはすごいものだと思います。

これが僕の「ゴールの美学」です。

■シュートの狙いどころ

狙いどころは、ゴールを4分割した上下左右（①〜④）と、股下（⑤）、両脇の下（⑥、⑦）、顔の両側（⑧、⑨）と全部で9カ所。空くところが必ずあるので、しっかり狙ってシュートを打とう。⑤〜⑨は特にGKに近づいたときに狙うコースである

SECTION

3

「キック技術」を高めるために必要なこと

基礎練習の重要性

シュートを決めるために必要なものとして、「キック技術」と「瞬間的な判断力」を前項までに挙げました。

次に、なぜ僕が「キック技術」を高めることができたのかについて、話したいと思います。

自分のこれまでのフットボール人生を振り返って思いあたるのは、小学生のときにやっていた練習です。

当時、僕は通っていた小学校のスポーツ少年団に所属し、そこには基礎担当のコーチがいました。全体練習は監督が仕切るのですが、練習の最初は基礎担当のコーチによる基礎メニューから始まり、そしてシュート練習や、ゲーム形式の練習に入っていきました。

僕は、とにかく真剣に、相当量の基礎練習をこなしました。

僕も子どもたちを対象としたスクールのコーチをやっています。スクールの子どもたちを見ていると、基礎練習が好きな子はあまりいません。その一方で、うまい子やレベルの高い子は、そういう練習を真面目にやる傾向にあります。

小学校高学年くらいになってくると、ある程度の技術がある子どもたちにとっては、「インサイドパスを真っすぐ蹴る→返ってきたボールをトラップする→もう一度、インサイドパスを真っすぐ蹴る」という動作自体は、難しくありません。

しかも、DFがいないフリーの状態で心に余裕を持ってやると、「そんなの当然できるよ」と、練習に臨む姿勢がおろそかになりがちです。

でも、**少年団にいた頃の僕は、「これ、絶対に大事なんだろうな」と思いながら、本当に真面目に一本一本のパスをしっかりと蹴っていました。**

基礎技術を完璧に身につけるために、それを繰り返していました。

そう言えば、2020年限りで現役を引退した、元川崎フロンターレの中村憲剛さんが、前年の怪我からのリハビリメニューの動画の一つを自身のSNSで公開して、話題になっていました。

見た人がいるのではないでしょうか。

そのなかで中村憲剛さんは、シンプルにパスを「止めて蹴る」を繰り返していました。本当に、これが大事なのです。

日本代表まで上り詰めたトップレベルの選手であっても、ボールの置きどころを丁寧に確認しながら、そのような基礎練習を大事にしているのです。子どもたちにとっては、より大切なことだとわかると思います。

ウォーミングアップなどの際に２人一組でよく行う、一方がボールを左右に投げて他方がボレーで返すという反復練習も、決して面白い練習ではなかったのですが、真面目に丁寧にやっていました。

そこが僕の原点であり、基礎技術が高くなった理由だといまでも思っています。

そうした練習を大事にしっかりやる人は、「キック技術」が確実に向上します。また、ゴールデンエイジと言われる９歳から12歳の間に、何度も何度も基礎練習をやったことが、いま振り返ると「すごく生きたな」と感じます。

万人が共有できるキックのメソッドはない

「『キック技術』を身につけましょう」とは言ったものの、では、正しい「キック」とはいったい何なのでしょうか。

フットサルやサッカーの技術本の類には、「インサイドキックの蹴り方」、「インステップキックの蹴り方」といった項目があると思います。

この〝教科書〟通りに蹴ることだけが、正しいキックなのでしょうか。

正しいフォーム、正しい蹴り方を学ぶことはもちろん大切です。しかし、年齢、身長、体重、足の長さ、筋力、骨格は一人ひとりバラバラであり、まったく同じ人は存在しません。同年齢の小学生であっても、すでに筋肉が発達していて強いシュートを打てる子もいれば、体が小さくてボールを強く蹴ることができない子もいます。

ですので、全員に同じように教えても、その方法が合う子どもと合わない子どもが出てきます。同じ具合にボールを蹴ることができるようになるわけではありません。万人が共有できるメソッドをつくることは、不可能だと思います。ただし、繰り返しますが、正しいフォームを教えることはできます。

自分に合ったキックの「感覚」をつかむ

では、どうすればいいかと言うと、一人ひとりが自分に合ったキックの「感覚」をつかむしかありません。

特に成長期にある小学生年代の子どもは、身長や体重が増えて、筋量も増すなかで、自分に合った蹴り方を見つけていかなければいけません。また、成長とともに、そのときの自分に合った最適なキックをつかむ能力を鍛えることが大切になります。

「この蹴り方なら、ボールはこの方向に飛ぶ」、「これくらいの強さで蹴れば、ボールをあそこまで飛ばせる」、「こうやって蹴れば、これくらい浮かすことができる」といった「感覚」が一人ひとり異なってきます。それは、基礎練習によってつかめるものだと思いますし、**その感覚は、自らの技術の基準となるものです。**

基礎をおろそかにしてしまうと、ボールを蹴ったときに「あれ、いつもと感覚が違うな」と感じても、キックを修正できず、コントロールできなくなったりします。

自分の体の成長や変化、そのときのコンディションなどに合わせながら、自分が蹴りたいボールを蹴るための調整能力を身につけられるように、反復練習をし、キックの感覚を身につけていきましょう。

プロの世界に入ると、ピッチコンディション、ボールの種類や空気圧、サッカーであれば天候や風の影響を受けたうえで、感覚を合わせる必要が出てきます。

渡邉知晃式インステップキック

実は、僕自身のインステップキックのシュートを写真で確認していたときに、気づいたことがあります。それは、インサイドキックでのシュートの際と、フォームがほぼ同じだったことです。

ボールにインパクトした瞬間の写真をよく見てみると、インステップキックの際にボールをミートする場所としてセオリーとされている足の甲の部分（靴紐の中心部分あたり）よりも、かなりインサイド寄りのところで蹴っていました。

インステップは「強いボールを蹴りやすいが、ややコントロールしにくい」、インサイドは「正確なボールを蹴りやすいが、シュートの威力は出ない」という特性がありますが、僕の場合はインサイドに近いインステップでボールを捕らえることにより、「威力を保ちつつ、しっかりとコントロールしやすい」蹴り方を身につけていたようです。

加えて、2つの蹴り方の基本的なフォームが同じなので、相手GKにとっては予測しにくいボールを蹴ることができているのかもしれません。僕のイメージとしては、ボールに対するアプローチはギリギリまで同じであり、最後のインパクトの瞬間に足の角度を少し変えることによって、インステップとインサイドを蹴り分けています。

この蹴り方は意識して身につけたわけではありません。

フットサル、あるいはサッカーをプレーするなかで、「どうやったら正確に強いボールを蹴ることができるか」を考えながら感覚を調整していった結果、自然とそうした蹴り方になっていました。

最近になって写真を見比べるまで、自分がこのような蹴り方になっていることが、実はわかっていませんでした。無意識のうちに、こうなっていたのです。

子どもたちにインステップの蹴り方を教える際に、「足首を伸ばして、少しだけ寝かせたうえで、甲のあたりに当てるんだよ」と教科書通りに教えた場合、僕の蹴り方には絶対になりません。

でも僕は、徹底した基礎練習で自分の感覚を調整することによって身につけた、この渡邉知晃式インステップキックの蹴り方でゴールを量産してきたのです。

その経験があるので、教科書に載っているような蹴り方だけが正しいキックだとは、僕は思いません。

極論ではありますが、自分の狙い通りに蹴ることができれば、それが正解です。

自分のシュート感覚をつかむことを大切にしてほしいと思います。

■渡邉知晃式 インステップキック

特に上から3枚目の写真は、インサイドキックで蹴っているようにも見える

SECTION

4

「キック技術」を高めるための練習

子どもたちが飽きないような反復練習を行う

僕は、非常にシンプルな基礎練習を徹底して反復することで、「キック技術」を身につけることができました。

では、それを指導者の立場で、子どもたちに教えることを考えてみたいと思います。子どもたちに反復練習をやらせても、飽きたり、集中力を保てなかったりするので、続けさせるのが難しいと感じている人がいるのではないでしょうか。

その場合、考えるべきは子どもたちの姿勢ではなく、練習メニューの工夫だと思います。

トレーニングが面白かったり、それに取り組む意味が分かっていたりすれば、子どもは集中して練習に向き合えます。これは、小学生年代に限らず、トップレベルになっても同じことです。

子どもたちが基礎練習に集中できない理由としては、単調な動きの繰り返しによってつまらなくなったり、成功が続いて満足してしまったりすることが挙げられます。

この「飽き」を解消する方法として重要になるのは、難易度を上げることでしょう。キックの場合、わかりやすいのはターゲット、つまり「的」をつくることです。

僕が子どもの頃によくやっていた自主練習を一つ紹介します。

それは、サッカーやフットサルをプレーする人なら誰でも一度は遊び感覚でやったことがあるであろう「バー当て」です。

ゴールの近くから、クロスバーを狙ってボールを蹴ります。

それに成功したら、次は距離を少し長くして狙います。

ある程度、遠い距離から当てられるようになったら、次は何回連続で当てられるかにチャレンジします。

これに飽きてきたら、2人で行い、どちらが先に成功するかを競います。

他の人と競えば、力の差がよほどない限り、勝ち続けることは難しく、競争意識が刺激されるはずです。

この練習で大切なのは、最初に「基準」をつくり、それをもとに調整していくことです。

まずは、しっかりと集中して蹴ってみましょう。

そうすると、クロスバーより高かったか低かったかについて、一つの基準ができます。

次に蹴る際は、最初のキックを基準にして、力の入れ方を少し変えてみましょう。今度も高かったか、それとも低かったか、あるいは横にずれてしまったかなどの変化があると思います。

最初のキックから、違いがどれだけあったかについて確認します。違いに対して自分なりに修正し、バーに当たるように少しずつ調整していきます。

何度か調整していくと、バーに当たるキックがいずれ見つかると思います。そうしたら、それと同じキックをもう一度出せるようにしましょう。

これを繰り返すことで、自分のキックの「感覚」をつかんでいきます。

「この蹴り方で蹴ったら、これくらいの強さで、ここに飛ぶ」というものをつかむのです。繰り返しますが、「感覚」をつかむことが最も大切です。

非常にシンプルな練習ですが、こういった練習の積み重ねが、後に大きな変化となって表れるはずです。最初は置いたボールを蹴りますが、転がしたボールや浮き球にすることでレベルを調整できます。

「バー当て」に飽きたら、的を変えるといいかもしれません。

僕が通っていた小学校には、野球のバックネットがありました。「コ」の字型の大きなバックネットで、8つくらいの区画に分かれていたのですが、ある程度の距離を取ったうえで、「右上を狙う」、「真ん中を狙う」などと宣言し、そこにノーバウンドで当てることを競っていました。また、2人で交互に宣言しながら、ダイレクトで蹴り合うというのもやりました。

また、グラウンダーのボールを蹴る練習では、ターゲットとして空き缶を置き、同じ位置から誰が最初にインサイドで蹴って当てられるかを競いました。

狙ったところにボールを蹴る力、その日の自分の状態に応じて蹴るボールを調整する力を、そうやって養っていきました。

大人であっても子どもであっても、**基本的な「キック技術」を身につけるうえでは、複雑で難しい練習は必要ありません。シンプルな反復練習こそが一番大切だと言えます。**

たくさんのゴールを決めるために、まずはキックの基礎をしっかりと身につけ、フリーの状態から、狙ったところにイメージした強さで確実にボールを蹴ることができるようにトレーニングしましょう。

シュート練習≠キック練習

サッカーやフットサルの練習では、「ポストシュート」をよく行うと思います。「ゴール前などに1人の選手がポスト役として立つ。残りの選手たちはボールを持って列に並び、先頭の選手がゴール前の選手に縦パスを出す。そのボールを軽く返してもらったところに、パスを出した選手が走り込んでシュートを打つ」というものです。

このメニューはシュート練習の定番と思われていますが、**僕のなかでは、これはキック練習であってシュート練習ではありません。**

その最大の理由としては、この場面のように完全にフリーになってGKにシュートを打つ局面は、試合でほとんど起きないことが挙げられます。まったくないわけではありませんが、ＤＦのプレッシャーがないうえに、ＧＫと1対1になるような場面は、かなり特殊な状況と言えるでしょう。

この練習をやるなとは言いませんが、これをシュート練習だと思ってやっているのであれば、その意識は変えたほうがいいかもしれません。あくまでも自分のキックの感覚を確かめるための練習、そう思ったほうがいいでしょう。もしくは、フリーの際に、コースを狙って確実にシュートを決めるための練習と言えばいいでしょうか。

僕の中で「シュート練習」として意味をなすのは、ＤＦを入れた状態で行うものです。

「ポストシュート」であっても、例えばポスト役の選手がパスを出したあとに少しプレッシャーをかけたり、シュートを打つ選手に対してＤＦ役の選手が後ろから追いかけたりするなど、**実戦に少しでも近い状況や心理状態で行うことで、「シュート練習」と言えるものになると思います。**

サイドからのセンタリングやパスを受けてシュートを打つ練習も同じです。1対1、あるいは2対2など、ＤＦが必ずいる状態からいかにしてシュートを打つかを練習することで、意味のある「シュート練習」になります。

また、シュートを打つ場面で心理的プレシャーを与える意味では、「シュートを外したらペナルティを受ける」というルールで練習するのもいいと思います。

繰り返しますが、ノープレッシャーで簡単なシュートを打つ、これは「シュート練習」ではなく「キック練習」です。技術レベルがまだ高くない段階において、「キック技術」を向上させる練習として行う分にはいいでしょう。

試合前のウォーミングアップの一環として、すなわち、コートの状況、ボールの感覚、その日の自分の調子を確認するための「キック練習」という意味合いで行う必要はあるかもしれませんが、「シュート技術」を高める練習にはなりえないことを肝に銘じてほしいと思います。

■「キック技術」を高める練習の例①

ノープレッシャーで簡単なシュートを打つ
練習は、技術レベルがまだ高くない段階に
おける「キック練習」としてはいい

■「キック技術」を高める練習の例②

ゴールの的（写真ではタオル）を
狙って蹴る練習は、シンプルだが、
「キック技術」の向上に効果がある

SECTION

5

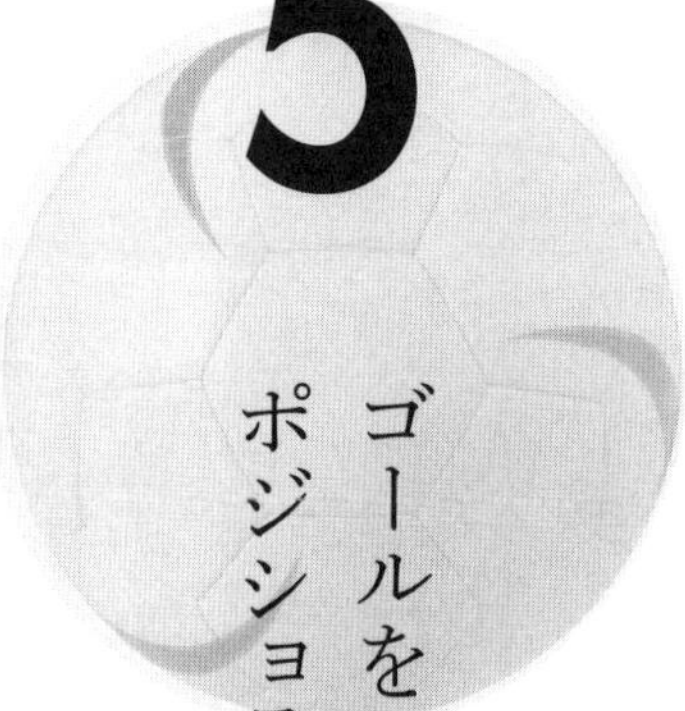

ゴールを決めるための ポジショニング

ダイレクトで打てるポジショニング

ゴールを奪ううえで「キック技術」が大切であることは、これまでにお話しした通りですが、それと同じくらい大切になるのが「ポジショニング」です。
「第3章　ダイレクトシュートの哲学」で詳しく説明しますが、「ダイクレトで打てるなら打て」というのが僕の基本的な考え方です。トラップしてから打つとなると、時間が生まれます。時間が生まれれば、GKもDFも準備でき、守備側に有利な状況をつくるための時間を与えてしまいます。

ただし、完全にフリーで、トラップしても相手DFが絶対に間に合わない場合は、トラップしたほうが狙ったところに確実に蹴ることができるでしょう。

しかし、ダイレクトで打てるポジションにいなければ、当然打てません。また、仮にトラップしてから打てるような時間がある場合でも、パスを受ける場所、角度、体の向きなどに少しでもズレが生まれたら、さらにもう1タッチしないと打てないような状況になってしまいます。

ストライカーにとってポジショニングが大切であることは、サッカーのデータを見ると、よりわかりやすいかと思います。

Jリーグの通算得点ランキングの1位は大久保嘉人選手（セレッソ大阪）で、2位が佐藤寿人さん（元サンフレッチェ広島、ジェフユナイテッド千葉ほか）、3位が興梠慎三選手（浦和レッズ）と続きます。客観的に見て、彼らは卓越したドリブルテクニックが持ち味ではありません。また、3人とも身長はむしろ低いほうです。

それでも、佐藤寿人さんは日本屈指の〝ワンタッチゴーラー〟と言われ、キャリアにおけるほとんどのゴールをダイレクトシュートで奪っています。また、大久保選手は38歳でJ1のセレッソ大阪に復帰し、2021シーズンは開幕からゴールを量産。そのほとんどが、やはりクロスボールなどに合わせてダイレクトで決めたシュートです。彼らに共通しているのは、ポジショニングの良さです。

そして、僕自身も、それは同様です。

身長こそ180㎝と日本人では大きいほうで、フィジカルにはある程度自信があり

■Ｊリーグ歴代得点ランキング（2021年6月2日現在）

順位	選手名	所属	得点	シュート数	出場試合数	出場時間	1試合平均得点
1	大久保嘉人	セレッソ大阪	190	1,125	462	35,637	0.411
2	佐藤寿人	ジェフユナイテッド千葉	161	717	404	29,899	0.399
3	興梠慎三	浦和レッズ	158	640	450	31,739	0.351
4	中山雅史	アスルクラロ沼津	157	743	355	26,451	0.442
5	前田遼一	ＦＣ岐阜	154	700	429	32,082	0.359
6	マルキーニョス	ヴィッセル神戸	152	1,066	333	27,608	0.456
7	三浦知良	横浜ＦＣ	139	814	326	26,385	0.426
8	小林悠	川崎フロンターレ	129	647	304	20,562	0.424
8	ウェズレイ	大分トリニータ	124	868	217	19,052	0.571
10	ジュニーニョ	鹿島アントラーズ	116	843	264	20,901	0.439

※大久保、興梠、三浦、小林以外はＪリーグにおける最終所属クラブ

ますが、スピードがあるわけでも、テクニックがあるわけでもありません。サッカーをやっていた大学2年生までは中盤やサイドの選手で、得点力があったわけではありませんでした。目の前の相手をドリブルでかわしてシュートするのも苦手なほうでした。

ただし、「キック技術」には自信がありました。フットサルに転向してピヴォというポジションを任されるなかで、「どうやったらゴールを奪えるか」を考え、その結果、ポジショニングをより意識することで、得点を量産できるようになりました。

ポジショニングを意識する

では、どうやったらポジショニングがうまくなるのでしょうか。

残念ながら言語化できる「これ」といった成功法や正解はありません。あえて言うのであれば、「予測と経験の積み重ね」でしょうか。

パスを出すのもシュートを打つのも人間です。機械のように正確に、毎回同じところにパスが来ることはないでしょうし、むしろ、思っていたところに来ないケースのほうが多いと思います。

技術的なミスもあれば、パスの出し手と受け手のイメージが異なることもあるでしょう。重要なのは、**失敗を失敗で終わらせないことやポジショニングに意識を向けることです。**

出し手との認識が合わなかったのであれば、「ここに出してくれたら決められるんだ」ということを味方にしっかりと伝えるのです。

また、ゴール前でぼんやりとパスを要求するのではなく、予測を繰り返し、常に適切なポジショニングに意識を向けることが何よりも大切になります。

僕はフットサルスクールで小学生年代の指導を行っています。また中高生選手たちのプレーを見る機会も多々ありますが、ポジショニングに意識を向けてプレーしている選手はまだまだ少ないなという印象です。

特に小学生年代はボールコントロールやドリブルなどのテクニック面、あるいは強いシュートを追求しがちで、実際の試合になると、あまり考えずに動いているように見えることが多いのです。もっとも、小学生年代では、ポジショニングを意識しなくても卓越した技術やスピードがあればゴールを奪える場合が多いので、ポジショニングのよさによってゴールを奪えたという成功体験を感じるのは難しいでしょう。

しかし、だからこそ、周りと差をつけるために、意識してほしいと思うのです。

もちろん、最終的な理想としては、リオネル・メッシのように、**個人技で相手をかわしてゴールを決めることも、DFとの駆け引きのなかからいいポジションでパスを受けてゴールを決めることも、ともにできるようになれば、ベストだと思います。**

ただし、DFにつかれながらシュートを打つよりは、駆け引きによってマークを外してフリーの状態から打つほうが、ゴールが決まる可能性は高くなります。

トレーニングや試合のなかで、まずはポジショニングを意識するところから始めて、ストライカーを目指してもらえればと思います。

いいポジションでパスを受けることができれば、ゴールの可能性を高めることができる

SECTION

6

逆足の練習で差をつけろ

小学生時代に逆足でのキックをひたすら練習した

利き足ではないほうの足（逆足）で蹴る練習をどれくらいするべきかについて、子どもたちによく聞かれます。

僕としては、「たくさんやったほうがいい」と答えます。

僕は右利きですが、左足でも遜色なくシュートを打てる自信がありますし、フットサル選手としてのキャリアのなかで、3割近くは左足でゴールを決めています。

なぜ僕が左足でも蹴ることができるようになったか、それは小学生時代にさかのぼります。

小学生として出場する最後の大会である「全日本少年サッカー大会」（現・JFA全日本U－12サッカー選手権大会）を終えると、僕はすぐに、中学に向けての練習を始めました。

5号球を使った練習をスタートさせ、ゴールについても、少年用のものではなく、大人と同じものを使うようにしました。その当時の僕は「左足でもボールを蹴ることができないと、中学では試合に出られない」と、なぜか思い込んでいました。そのため、中学に入学するまでの期間は、とにかく左足のキック練習に明け暮れました。

最初は、ゴールに近いところからネットに向けて蹴り、次はペナルティーマークのあたりから、その次はペナルティーエリアの外から、ゴールにノーバウンドで届くように、ひたすら蹴りました。周りの仲間が好きなようにボールを蹴っている横で、僕はひたすら左足のキックを練習しました。

蹴って蹴ってを繰り返し、小学校を卒業する頃には、ハーフウェーラインからゴールまで届くくらいになっていました。「これで、中学に行っても大丈夫！　試合に出られる！」、そう思いました。

実際はと言うと、1年生の頃は体格などの面で3年生との差がさすがにまだ大きかったので、試合に出られませんでした。しかし、2年生からはレギュラーになれました。そのときのチームは左利きの選手が不在。僕がチームのなかで左足のキックが一番うまかったので、左サイドハーフで出場していました。また、キックの精度にはこの頃から自信があり、２年生ながら、すべてのプレースキックを任されていました。右コーナーキックは、僕が左足で蹴っていました。

結果として、**両足で遜色なくボールを蹴ることができたのが、ストライカーとしてのその後につながったのです。**

自主練の時間こそ、人と違うことをやるべし

僕自身の経験談になりますが、チーム練習以外の時間、すなわち自主練の時間こそ、みんながやらない逆足の練習をやるべきだと思います。

自主練、特に小学生年代のそれの場合、誰かに縛られずに自由にやれるので、どうしても利き足でボールを蹴りがちです。

その気持ちは、よくわかります。なぜなら、利き足で自由に思いっ切りボールを蹴ったり、強いシュートを自由にズバッと決めたりするのは、すごく気持ちがいいことで

すから。

でも、いざ試合になると、そういうシーンは少なくなります。相手が右利きなら、DFは当然、右足でシュートを打たせないように守ってきます。そうなると左足で打たざるをえませんが、そのときにボールが思ったところに飛ばない、威力がないというのでは、楽しくないじゃないですか。

ですから、逆足での練習をしっかりやってください。


みんながやらないときに、人と違うことをやれば、より上のレベルになったときに大きな差をつけられます。


ボールを蹴ることに関して言えば、利き足で強いシュートを打とうと小学生のときにどれだけ練習しても、中学、高校、そして大人になって体格差や筋力差がなくなると、みんなが強いシュートを打てるようになります。

小学校のときに人より強く蹴ることができていたとしても、時間が経つと、そこで差をつけるのは難しいのです。

みんなと同じようにやるのではなく、違うことをやって、差をつけるべきです。それは、選手として大成するうえで重要なことだと思います。

第2章
まとめ

シュートを決めるための“テクニック”

- 「キック技術」が絶対に必要。キックのスペシャリストを目指そう
- なるべく多くのシュートシーンを見て、イメージをふくらませる
- 闇雲に打たず、狙いを必ず定める
- キックの正解は存在しない。自分に合った「感覚」をつかむ
- 「キック技術」を向上させるには基礎練習が重要になる
- 予測と経験でポジショニングを磨く
- 逆足を練習し、周りに差をつける

第3章

ダイレクトシュートの哲学

SECTION

1

ダイレクトシュートこそがゴール量産のカギ

ストライカーにとって必須であるダイレクトシュートの技術

ここまで、ストライカーとして必要なマインド、身につけるべきテクニックについてお話ししてきました。

この2点を理解してもらえれば、きっとあなたはストライカーになれると言いたいところですが、そう単純なものではないでしょう。

最後の章では、僕が最も大切にしていると言っても過言ではない、シュートに対する考え方をお伝えしたいと思います。

それは、「ダイレクトシュート」についてです。

僕はフットサル選手としてたくさんのゴールを決めてきました。

その多くは、トラップしてからのシュートではなく、ダイレクトで放ったシュートでした。

「知晃はダイレクトシュートが人よりうまい。だから、それだけのゴールを取れた」と、順天堂大学の先輩で元フットサル日本代表選手の高橋健介さんに言われたことがあります。

僕はダイレクトシュートにこだわって磨いてきた自負がありますし、このシュートは特にフットサルにおいては必須の技術だと思っています。

なぜダイレクトシュートが重要なのか

サッカーにおいては、パスをトラップしてからのシュートや、スルーパスに抜け出してからのドリブルシュートのシーンが数多くあります。

一方でフットサルにおいては、そのようなシーンもありますが、横からのパスや、いわゆる〝ファー詰め〟、フットサルにおいては、「セグンド」と呼ばれるファーサイドへ放たれたシュート性のボールに合わせるプレーなど、ダイレクトシュートの機会のほうが多いでしょう。

そういう意味で、ダイレクトシュートを磨くことが大切なのは言うまでもありませんが、「なぜダイレクトシュートが重要なのか」について、もう少し具体的に考えていきたいと思います。

根本的な僕の考えとして、**「ダイレクトで打てるときは、絶対にダイレクトで打つべし」**というものがあります。

ダイレクトで打てるシーンのなかには、トラップでボールをコントロールしてからでも打てるケースも当然あると思います。

トラップしても打てるし、ダイレクトでも打てる状況のとき、多くの人は、より確実性が高まるであろうトラップからのシュートを選択するのではないでしょうか。

でも僕の場合は、両方の選択肢があるのなら、絶対にダイレクトで打ちます。

それが、ダイレクトシュートの哲学です。

渡邉知晃の根幹をなす哲学であるとも言えます。

なぜそのような選択をするのかと言えば、トラップによって状況が好転するケースはないと思っているからです（もちろん例外はあります）。

トラップをすれば、ダイレクトシュートよりも、打つまでに時間がかかります。時間がかかれば、DFがブロックするために寄ってきますし、GKはシュートに対して準備する時間ができます。

DFもGKも間に合うとなったら、彼らをかわしてシュートを打たなければなりません。

この場合、トラップすることにあまりメリットがないように感じませんか?

もちろん、僕がそう考える根底には、第2章で話したように、どんなボールがきても正確に捕らえ、ゴールの枠へ確実に飛ばせるキック技術を身につけている前提があるからです。

また、ダイレクトシュートが脅威になると、ダイレクトで打つと見せかけてトラップすれば、DFがスライディングして飛び込んでくるのをかわせたり、ダイレクトシュートのタイミングに合わせて飛び込んでくるGKをかわせたりします。

そういうメリットはありますが、往々にしてデメリットのほうが多いというのが僕の考えです。

だからこそ、「ダイレクトで打てるときには、迷わず打て」と思うわけです。

ダイレクトシュートのメリット

僕がこれまでに決めたダイレクトシュートの場面で、もしもトラップしてから打ったとしたら、8割くらいは入っていなかったのではないでしょうか。

ダイレクトで打つことによって得た利益のほうが大きかったと思っています。

ダイレクトシュートのメリットとしては、GKやDFがタイミングを取りづらい点が挙げられます。

トラップしてからのコントロールシュートの場合、ボールを止めたあとに、足を振り上げて蹴ることになります。その瞬間に、GKはタイミングを合わせるでしょう。

これがダイレクトシュートであれば、その前のパスのスピードや軌道にもよりますが、ボールが動いている間にGKやDFも移動するはずなので、その分だけタイミングを合わせるのが難しくなります。

ダイレクトシュートは、動いているボールを捕らえる必要があるという意味で、技術力が必要な難しいシュートです。一方で、守備側にとっては守りづらく、反応が難しいシュートであることを念頭に置いてください。

また、動いているボールを蹴るので、足の振りがコンパクトでも、ある程度強いシュートを打つことができます。

ダイレクトで打とうとする姿を守備側に見せると、DFはシューターとの距離を詰めることよりも、シュートコースを守りにいくような守備になります。

そうなるとシュートコースは確かに狭くなりますが、打つ側はDFからのプレッシャーが少し軽減され、自分の間でシュートを打つことができます。

ただし、シュートコースが狭くなっているわけですから、空いているところを狙い、そこに正確にシュートを打ち込む技術が求められます。

このように、シュートの難易度としては、コントロールしてからのシュートよりもダイレクトシュートのほうが難しいのは言うまでもありません。ですから、「キック技術」のレベルがまだ高くないうちは、トラップしてから打ったほうが、ゴールが決まる可能性は高いでしょう。

でも、技術力が上がってくれれば、ダイレクトシュートのほうが、ゴールが決まる可能性は間違いなく高いでしょう。

どちらを選択するかは、その選手が置かれている状況や技術力に基づいた判断になります。

ただし、僕のように、**トップリーグでゴールを量産したいと思うのであれば、ぜひダイレクトシュートに挑戦してください。**

また、いろいろなシチュエーションでのダイレクトシュートを練習してください。トレーニングによって精度を向上させ、ダイレクトシュートが決まる可能性を高めることができると思います。

ダイレクトシュートを打つ勇気と決める自信を身につけてほしいと思います。

〝ファー詰め〟は初心者にもおすすめ

話は変わりますが、先ほど少し触れた〝ファー詰め〟（セグンド）は、オフサイドがないフットサルにおける王道とも言えるゴールの手段です。

ボールを持っている選手から見てファーポストの位置で、シュート性のボールに合わせる形でシュートを打つことになりますが、基本的にはゴールに近いところから打つので、ゴールの枠を外れる可能性が低いシュートと言えるでしょう。

初心者の方、あるいは趣味でフットサルを楽しんでいる方は、ぜひこの形でのゴールを狙ってほしいと思います。

シュートを打つと言っても、足を振り抜くのではなく、正確に当てて、ボールのコースをゴールの方向へ変えるシュートになります。

シュート性のパスに対して、走り込んで合わせることがないように注意してくださ

■ファー詰め（セグンド）

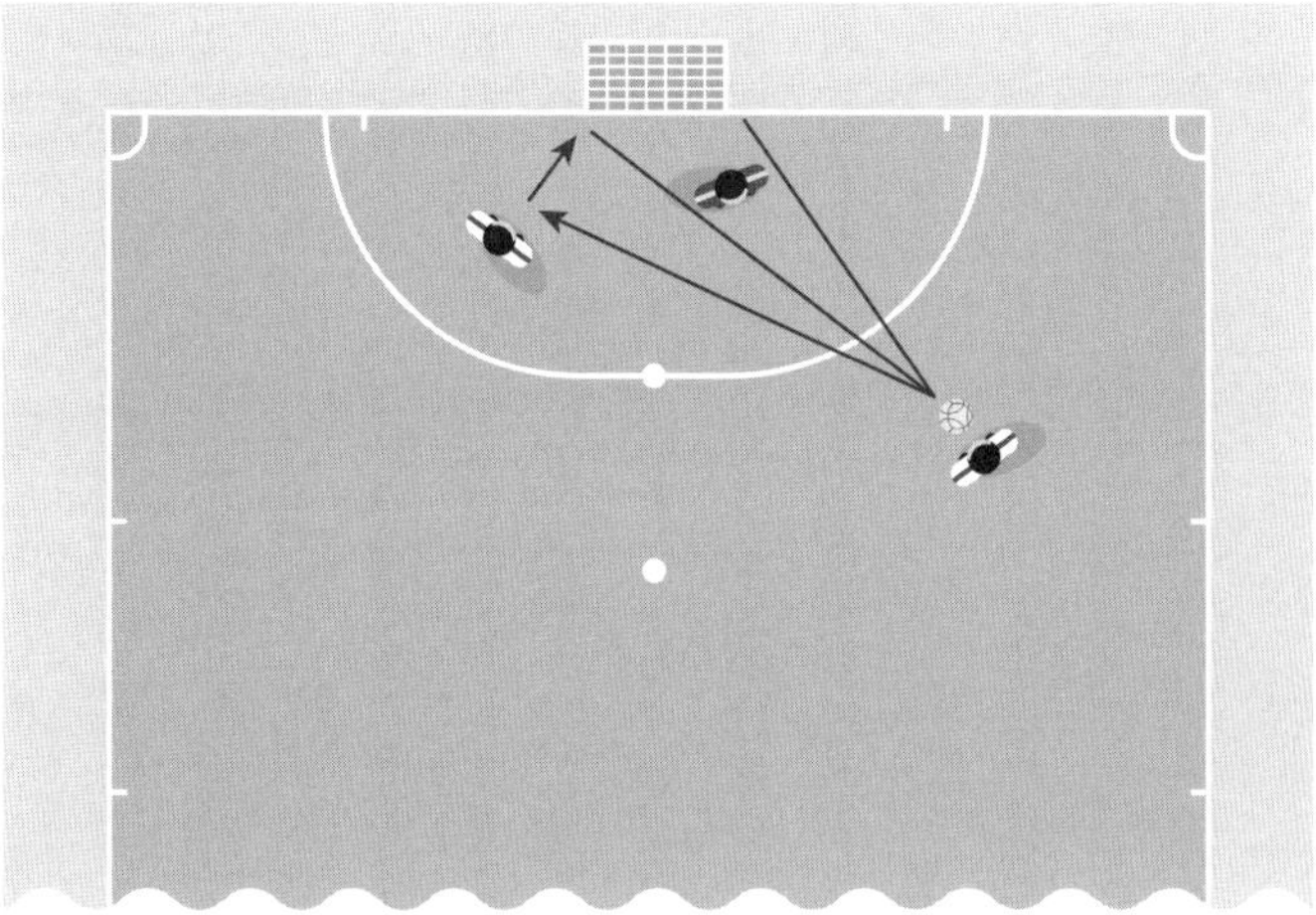

ファー（遠いサイド）ポストの前にポジションを取る。この場所ならGKが守り切れないコースにボールを通すことができ、ゴールに流し込める

い。DFやGKが追いつけないようなスピードのパスに対して点で合わせるのは、初心者にとって非常に難易度の高いプレーだと思います。パスに間に合わなかったり、逆に自分が先に前に行きすぎて、ボールが自分の後ろを抜けたりすることがあるでしょう。

最初からファーポストのところに立って待っていてください。

ポストに手で触れて、腕をいっぱいに伸ばしたくらいの場所で待ち、そこに来たボールに対して合わせるようにしましょう。そこに立っていれば、飛んできたボールに触るだけでいいことになります。最初から待っているのですから、足を大きく振りすぎて空振りでもしない限り、後ろにボールが抜けていくことはありません。

初心者向けと言いましたが、ある程度のレベルのフットサルにおいても、同様のことが言えます。

シュートを決めるために大切なのは、まずは枠に飛ばすことです。そのためのポジショニングを意識してください。

枠に飛ばせば何かが起こる、そのことを忘れずにプレーしてください。

■ファーポストで待つ

ポストに手で触れて、腕を伸ばしたくらいの場所で待ち、来たボールに対して、大きく足を振り過ぎないように合わせるといい

SECTION

2

ボレーシュートの名手として

サッカーとフットサルの違い

「渡邉知晃と言えばボレーシュート」と評されるくらい、キャリアのなかで多くのボレーシュートをゴールネットに突き刺しました。フットサル界において強いインパクトを残した自負があります。

「どうやったら、ボレーシュートがうまくなりますか？」

ファンの方々や子どもたちに、よく聞かれます。

ここでその答えを話したいと思います。

ボレーシュートについては、サッカーとフットサルでは大きく異なるところがあると思います。

それは、センタリングの有無です。

サッカーはピッチサイズが広く、ロングボールが多用されます。

サイドからセンタリングを上げ、ボールが空中にある状態から、ヘディングやボレーキックでゴールに向かってシュートを打つ場面が多々あります。

決して多くはないのですが、ジャンピングボレーやオーバーヘッドキックが生まれます。

ではフットサルはどうかと言えば、ピッチサイズが小さいため、サッカーと違い、そもそもロングボールはそこまで多くありません。また、横幅もかなり短いので、サッカーで言うセンタリングのような浮き球でサイドから中央へパスを出すことが基本的にはありません。

あるとすれば、相手ＤＦの裏へ走り込んだところで浮き球のパスを受け、そのままダイレクトシュートを打つシーンくらいでしょうか。

いずれにせよ、ボレーシュートで必要になるのは、**宙に浮いているボールを足で正確に捕らえ、ゴールに確実に蹴り込むことです。**

落下地点を読む

ボレーシュートを正確に打つうえで最も大切なのは、ボールの落下地点を読むことです。

落下地点を読んで、相手より先にそこに入ることが大切になります。

落下地点に走り込みながらボールを蹴るシチュエーションもあるとは思いますが、基本的には先に落下地点に到着して、ボールを待ちたいところです。

体がボールを追いかける状態だと、正確に蹴ることが難しくなります。少なくとも落ちてくる少し前には落下地点で立ち止まり、ボールが落ちてくるところで蹴るのがベストです。

落下地点を読み違えると、最良の状態で足を振ることができません。足が変に伸びたり、詰まったりしてしまい、振り抜けない状態でボールを蹴らなくてはいけなくなります。

　正しいフォームでボールを蹴ることができる場所で構えるのが重要なポイントになります。

　では、どうやったら落下地点を読めるようになるかと言えば、残念ながらこれも、**反復練習で経験を積み重ねることが、一番の近道になるのかなと思います。**

「ボールの軌道を読むこと」が大切なのですが、具体的な言葉で説明するのは、なかなか難しいものです。何度もボレーシュートの練習を繰り返すなかで、ボールの軌道をよく見て、落下地点を読む力を身につけるしかありません。

　また、第2章の「キック技術」のところでも説明したように、何回もボールを蹴るなかで、「このあたりに来るボールをこのタイミングで蹴れば、こういう風にボールが飛ぶ」という「感覚」をつかむしかありません。

ボールの中心で捕らえて前に押し出す

基本的には、自分がボールを捕らえやすい蹴り方の感覚をつかむのがベストという前提があるうえで、僕の場合のコツをお伝えします。

ボールを蹴るために振り上げた足が地面となるべく平行になるのが、僕の理想的なキックです。

完全な平行は難しいとしても、ヒザより下が地面となるべく平行になるように意識してボレーキックを行っています。

軸足と蹴り足の角度がだいたい80度に近いところで真横に足を振れば、自分が考える最もきれいなフォームで、ボールを狙い通りに蹴ることができます。

ボールを捕らえるのは、基本的にはインステップです。

ボールのかなり下を蹴ると上のほうへ飛んでいきますし、かなり上を蹴ると地面に叩きつけることになります。インサイドキックでもいいのですが、いずれにしても、ボールの中心を捕らえて前に押し出すイメージです。

最初は誰かにボールを投げてもらい、それをシンプルにボレーで蹴ります。誰もいない場合は、自分でボールを投げて蹴ります。その反復練習によって、「キック技術」を磨いてください。

ただし、すでに説明しましたが、これはあくまでも「キック技術」の練習です。その技術を身につけたうえで、試合を想定した練習、できればＤＦをつけた「ボレーシュート練習」を行い、ボレーシュートの技術を磨いてください。

ボールが落下するまで待つ

もう一つ大切なのは、ボールが落下してくるまで、しっかりと待つことです。

ボレーシュートの際に起こしがちなミスがあります。最も理想的な体勢でボールを

■ボレーシュートのポイント

ボールの落下地点に入り、軸足と蹴り足の角度を80度に近いところに持っていく。そして、振り上げた足のヒザより下が地面となるべく平行になるように意識して蹴る

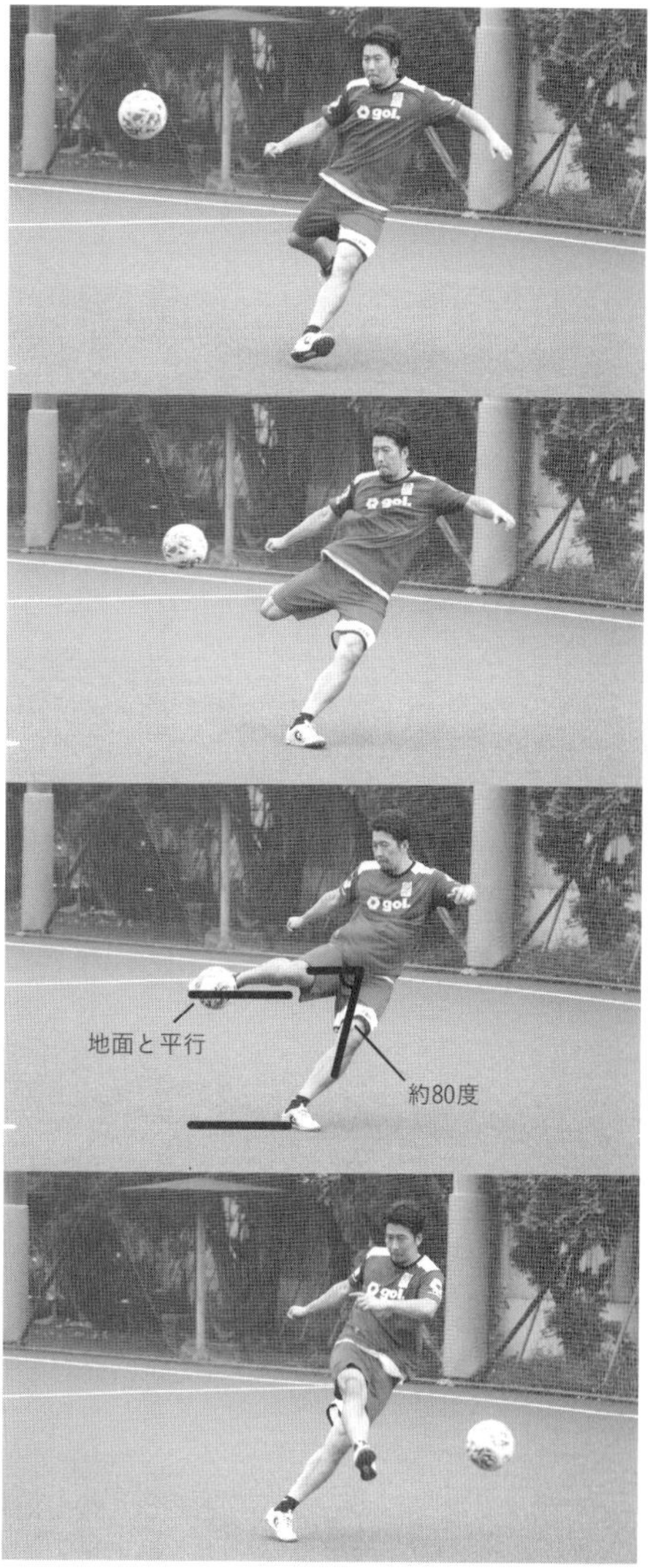

ミートできる高さ、すなわち、ヒザよりも下が地面となるべく平行になって蹴ることができる高さまでボールが落下してくるのを待てずに、まだ高い位置にある時点で蹴ってしまうプレーです。

試合ではDFがいて、シュートをブロックするために寄せてきます。そういう場合、「相手が来ないうちに打ってしまおう」と考え、焦って蹴りたくなりがちです。

その気持ちはよく分かります。

しかし、高すぎる位置で打つとフォームが崩れるので、いいシュートにすることが難しくなります。シュートの威力が弱くなるうえに、枠に飛ばすことが難しくなるでしょう。

ゴールの可能性が高くないシュートになってしまうということです。

確実にミートしていいシュートにするためには、ボールが落下してくるまで、焦らずにしっかりと待つことが、とても大切になります。

第3章

まとめ

ダイレクトシュートの哲学

- ダイレクトで打てるときには、迷わず打つ。それがゴール量産のカギとなる
- ダイレクトシュートの選択肢があると、DFやGKの対応が変わり、有利な状況をつくりやすくなる
- “ファー詰め”（セグンド）は初心者におすすめするゴールの手段
- ボレーシュートの場合は、落下地点で待ち、ボールの中心を捕らえて前に押し出す
- 正しいフォームを意識して蹴る
- 「キック技術」を身につけ、試合を想定した練習でシュート技術を磨く

おわりに

一つでも多くのゴールが生まれることを願って

本書では、僕なりの『蹴』論をまとめました。最初にも書きましたが、シュートを決めるための絶対的な方法はなく、決めるための正解はありません。僕にできるのは、読者のみなさんがゴールを決める可能性を少しでも高めることだけです。

僕はフットサル選手としてある程度の成功を収めることができましたが、「あのとき、異なる選択をしていたら、違う人生になっていただろう」と思うターニングポイントが、たくさんあります。

例えば、高校の進路の選択がそうでした。当時住んでいた福島県郡山市の自宅から通えること、また勉強もしっかりできる環境であることを条件にしたため、郡山高校に進みましたが、実はちょうどその頃、福島にあるJヴィレッジでサンフレッチェ広島ユースのセレクションが行われたのです。当時、県の選抜メンバーに選ばれていたため、周囲から「受けてみろよ」とすすめられましたが、進学を決めていたため、受けませんでした。県選抜チームの仲間であり、仲の良かった髙萩洋次郎（FC東京）はそこで合格し、結果的にサッカーの日本代表まで上り詰めました。当時の僕の実力なら、受験していれば受かったかもしれませんし、その後、サッカー選手として成功したかもしれません。

また、高校1年生の夏にも、ある選択を迫られました。縁があってオランダのトップリーグに所属するクラブのU－18チームにサッカー留学することが決まり、航空券の手配まで完了していました。ところが、その一方で、郡山高校が県大会を突破してインターハイへの出場を決めていたのです。僕はインターハイを優先したため、留学をキャンセルしました。結果として、そのときのインターハイが高校3年間で出場できた唯一の全国大会になったので、その選択は間違っていなかったとは思います。しかし、もしヨーロッパに行ってチャンスをつかんでいたらどうなっただろうかと考えることがいまでもあります。

さらには、フットサルを始めることになったのも、一つのターニングポイントでした。

Jリーガーになることを目指して、大学サッカーの強豪である順天堂大学に進学しましたが、2年生になるときにいったんサッカーから離れ、フットサル部とフットサルサークルをかけ持ちする形で、フットサルを始めました。そのときはまだFリーグはありませんでしたし、フットサルはマイナー競技だったので、フットサル選手になろうとは思ってもみませんでした。

そんななか、先輩である佐藤亮さん（元シュライカー大阪ほか）に大学のキャンパス内でたまたま声をかけられ、当時は関東リーグに所属していたBOTSWANAの練習に参加することになりました。僕はまだフットサルを始めたばかりで、ルールすらまともに分かっていなかったので、「そんな強豪チームの練習に参加しても通用するわけがない」と、いったんは断りました。しかし、何度も誘われ、渋々、行ってみることにしたのです。

結果としてそこで少しずつフットサルを学び、実力を認めてもらうことができました。そして、それがフットサル人生につながったのです。あのとき、練習に参加することを断ったとしたら、フットサル選手にはなれていなかったでしょう。

また、BOTSWANAの練習に参加したときの監督、須賀雄大さんとの出会いもターニングポイントの一つです。フットサルを始めて最初に指導を受けた監督で、サッカーでは中盤でプレーしていた僕をピヴォとして起用したのが須賀さんでした。

須賀さんが僕をピヴォとして使っていなければ、フットサル選手として一定の成功を収めることはなかったかもしれません。『蹴』論を語ることもなかったかもしれません。大学生だった僕に大きなチャンスを与えてくださり、本当に感謝しています。

振り返ると、そういうターニングポイントが他にもたくさんあります。話したいことはもっとあるのですが、ここまでにしておきます。

こうしたターニングポイントでは、周囲の方々からたくさんのアドバイスや意見をいただきましたが、最終的には自分の直感と自分を信じて決断を下しました。自分が信じる道を選択してきたのです。

誰かの助言に従って道を選ぶのが悪いとは、決して思いません。それで成功を収めたのであれば、選択が正しかったと感じることができるでしょう。

しかし、何かを他人に決めてもらった場合、成功しなかったら、その人のせいにできてしまうと思います。

ですから、僕は、最後は自分で決めます。自分で決め、自分で責任を取るのです。

そういう覚悟を持って、決断してきました。

人生にどんなターニングポイントがあるかは分かりませんが、この本を手に取って読んだことで、サッカーやフットサルでゴールを奪えるようになった、意識が変わった、チャンスをつかめたなどのきっかけにつながったのであれば、うれしい限りです。

僕の人生のターニングポイントでは、多くの場合、「人」との関わりがありました。しかし、別の誰かにとっては、それが「環境」や「物」であることも考えられます。もしかしたら、あなたにとっては、この「本」との出合いがターニングポイントになるかもしれません。

僕はFリーグの舞台に区切りをつけ、現役のフットサル選手としては引退しました。しかし、まだまだボールを蹴り続けますし、スクールなどでの指導も続けていきます。

今後、どのような人生を歩んでいくかについてはまだ考えているところですが、これまで応援してくださった方々と、またどこかで会えることを願ってやみません。

2021年7月吉日　渡邉知晃

Desporte

Fリーグ出場記録

シーズン	所属クラブ	リーグ戦（試合／得点）	カップ戦（試合／得点）	全日本選手権（試合／得点）
2009-2010	ステラミーゴいわて花巻	25／14	1／0	3／5
2010-2011	ステラミーゴいわて花巻	26／16	1／1	3／3
2011-2012	名古屋オーシャンズ	24／5	3／2	4／0
2012-2013	名古屋オーシャンズ	25／12	3／1	6／2
2013-2014	名古屋オーシャンズ	34／18	3／0	6／4
2014-2015	名古屋オーシャンズ	30／15	2／4	3／1
2015-2016	府中アスレティックFC	15／10	5／5	—
2016-2017	府中アスレティックFC	27／15	—	6／3
2017-2018	府中アスレティックFC	33／45	2／0	4／6
2018-2019	立川・府中アスレティックFC	33／21	2／0	5／3
2019-2020	立川・府中アスレティックFC	29／21	4／4	—
2020-2021	立川・府中アスレティックFC	22／9	—	2／2

Fリーグ通算記録……323試合／201得点
Fリーグプレーオフ通算記録……8試合／5得点
カップ戦通算記録……26試合／17得点
全日本フットサル選手権通算記録……42試合／29得点
フットサル日本代表通算記録……66試合／20得点

獲得タイトル

Fリーグ優勝……4回（2011-2012、2012-2013、2013-2014、2014-2015）
カップ戦優勝……5回（2011、2012、2013、2014、2015）
全日本フットサル選手権優勝……3回（2013、2014、2015）

個人タイトル

Fリーグ得点王……1回（2017-2018）：33試合/45得点

著者プロフィール

渡邉 知晃　わたなべ・ともあき

1986年4月29日、福島県郡山市出身。小学校2年生のときにサッカーを始め、桃見台SSS、郡山市立郡山第五中学校、福島県立郡山高校でプレーしたあと、順天堂大学に進学した。1年時は蹴球部に在籍したが、2年時にフットサルに転向。フットサル部とフットサルサークル「GAZIL」でキャリアをスタートさせた。大学時代にBOTSWANA FC MEGURO（現フウガドールすみだ）に加入。2009年にFリーグのステラミーゴいわて花巻に移籍し、その年、フットサル日本代表に初招集された。その後、名古屋オーシャンズ、府中アスレティックFC（立川・府中アスレティックFC）、大連元朝足蹴倶楽部（中国）に所属。2021年1月にFリーグ通算200ゴールを達成した。国際Aマッチ59試合出場20ゴール（日本代表）、2017-18シーズンのFリーグ得点王（45ゴール）、Fリーグ出場323試合で通算201ゴールなど、日本有数のピヴォとして数々の実績を残した名選手だったが、2020-21シーズン限りで現役を引退した

『蹴《しゅう》』論《ろん》

シュートは考《かんが》え方《かた》で決定力《けっていりょく》が高《たか》まる

2021年7月23日 第1版第1刷発行

著　　者　渡邉《わたなべ》 知晃《ともあき》
発 行 人　池田 哲雄
発 行 所　株式会社ベースボール・マガジン社
〒103-8482 東京都中央区日本橋浜町2-61-9
TIE浜町ビル
電　　話　03-5643-3930（販売部）
03-5643-3885（出版部）
振替口座　00180-6-46620
https://www.bbm-japan.com/

印刷・製本　広研印刷株式会社

ISBN 978-4-583-11381-4 C2075